ESCRITURA ACADÉMICA

ExLibric

PABLO BALLESTEROS PÉREZ

ESCRITURA ACADÉMICA

Cómo escribir [buenos] artículos científicos

EXLIBRIC

ANTEQUERA 2021

ESCRITURA ACADÉMICA
© Pablo Ballesteros Pérez
© de la imagen de cubiertas: Amparo Redondo García, amparoredondo@hotmail.com,
  amparoredondo.com
Diseño de portada: Dpto. de Diseño Gráfico Exlibric

Iª edición

© ExLibric, 2021.

Editado por: ExLibric
c/ Cueva de Viera, 2, Local 3
Centro Negocios CADI
29200 Antequera (Málaga)
Teléfono: 952 70 60 04
Fax: 952 84 55 03
Correo electrónico: exlibric@exlibric.com
Internet: www.exlibric.com

ISBN: 978-84-18730-08-5
Depósito Legal: MA-352-2021

Nota de la editorial: ExLibric pertenece a Innovación y Cualificación S. L.

PABLO BALLESTEROS PÉREZ

ESCRITURA ACADÉMICA

Cómo escribir [buenos] artículos científicos

A mis hijos Rocío, Nicolás y Ximena.
Perdonadme por las horas que os robé escribiendo este libro,
y por tantas otras que me enseñaron cómo escribirlo.

Agradecimientos

A mis dos directores de tesis, Mari Carmen González Cruz y Juan Pascual Pastor Ferrando. La labor de supervisar doctorandos no está pagada ni suficientemente reconocida. Gracias en particular a Mari Carmen. Tú has sido siempre una buena amiga y consejera.

A Martin Skitmore, por tu ayuda e infinita paciencia respondiendo cientos de *emails* con mi entonces horrible inglés. Gracias a ti me he convertido en el investigador que soy hoy en día.

A mi compañero Daniel Mora Melià. Si hay alguien con el que he trabajado de igual a igual eres tú. Espero seguir aprendiendo y trabajando muchos años más contigo.

A mi amigo Enoc Sanz Ablanedo. Eres casi mi alma gemela en forma de ver la vida y en cómo afrontar el trabajo. A pesar de la distancia siempre sé que estás disponible para lo que necesite. Gran parte de las ideas de este libro provienen de las conversaciones que tuve contigo en Loughborough.

A mis coautores, especialmente a Eugenio Pellicer Armiñana y Gunnar Lucko. He aprendido muchísimas cosas y trucos de ambos. Gracias por estar siempre disponibles.

A mis lectores cero: Andrés Pastor Fernández, Manuel García Rodríguez, Juan Manuel Vázquez Martínez, Alberto Cerezo Narváez, Enoc Sanz Ablanedo, Ramón M. Castro de Thomas y, por supuesto, a mi esposa Amparo Redondo García. Gracias por decir que sí a cualquier cosa que os pido. Estimado lector, si encuentras algún error en este libro, es culpa de estas personas ☺.

Si hay algo que he aprendido con los años es que el tiempo es el regalo más valioso que se puede ofrecer a cualquier persona. Gracias a todos vosotros por haberlo compartido conmigo en innumerables ocasiones.

Por último, deseo agradecer la financiación recibida por el Ministerio de Ciencia e Innovación por mi contrato Ramón y Cajal (RYC-2017-22222) cofinanciado por el Fondo Social Europeo.

Índice

Prólogo Sobre mí, sobre ti y sobre este libro 1

Bloque I: El investigador 13
   1. Condiciones necesarias (pero no suficientes) para publicar 15

Bloque II: Comunicando investigación 35
   2. Microestructura: Lenguaje y escritura académica 37
   3. Mesoestructura: Ecuaciones, tablas y figuras 59
   4. Macroestructura I: Secciones frontales del artículo 81
   5. Macroestructura II: Secciones intermedias y finales 97

Bloque III: Trabajando con otros 113
   6. Endoesqueleto: Coautores, grupos y universidades 115
   7. Exoesqueleto: Revisores, editores, revistas y agencias 127

Bloque IV: Rechazos y revisiones 145
   8. *Desk reject:* Aprendiendo de los errores 147
   9. *Major/minor revisions:* Cómo responder y cómo no 163
   Epílogo 175
   Referencias 187
   Acerca del autor 193

Prólogo
Sobre mí, sobre ti y sobre este libro

Recuerdo con claridad mis primeros años intentando publicar artículos. Digo «intentando» porque hubo muchos más fracasos que éxitos. También digo «con claridad» porque tendemos a no olvidar las experiencias difíciles. En su autobiografía *Becoming*, Michelle Obama dijo que desde bien joven se dio cuenta de que existe una fuerte correlación entre el tiempo que le dedicas a algo y lo bien que se te da [1]. En términos generales eso es cierto, pero a veces no basta con dedicarle mucho tiempo a algo. A mí me costó seis años entenderlo.

Déjame que te cuente una historia. Te contaré varias en este libro, muchas de ellas en primera persona. Otras son de personas que me han acompañado en el proceso de convertirme en investigador. ¿Te animas? Prepárate. El camino es largo, pero te aseguro que vale la pena.

Me doctoré en 2010. Para entonces había estudiado una ingeniería técnica, un segundo ciclo, había obtenido un título de especialista universitario, estaba a punto de acabar un máster y llevaba ocho años trabajando en la empresa privada. También había superado numerosos cursos como ingeniero conectados con mi actividad profesional. Dos años antes había comenzado a compaginar mi actividad profesional con la docencia a tiempo parcial en la universidad. En la empresa privada tenía un trabajo bastante gratificante. Era responsable de un pequeño departamento y las cosas me iban bien. Tenía un sueldo decente y estaba bien considerado. Recuerdo que pasaba mucho tiempo preparando licitaciones. Para los que no estén familiarizados, esto significa que escribía propuestas técnico-económicas para administraciones públicas y organismos privados. La intención era agrandar nuestra cartera de proyectos y que, con ello, la empresa para la que trabajaba ganara más dinero.

Como decía, me doctoré en 2010. Lo hice con la calificación máxima, *cum laude*. Creía que sabía escribir. Al fin y al cabo, escribir era lo que hacía en mi trabajo la mayor parte del tiempo. En 2009, un año antes de someter a revisión mi tesis doctoral, ya la tenía totalmente escrita. En un alarde de ambición y dedicación plena, conseguí escribirla en menos de un mes. Tenía la experimentación realizada. No había motivo para retrasar más la redacción.

Cuando envié el borrador a mis dos directores de tesis, los dos la leyeron con atención. Me citaron a una reunión. Con todo el tacto posible me dijeron que lo que les había enviado «no era una tesis doctoral». Esto me lo dijeron justo al empezar la reunión. El resto de la misma la dedicaron, muy pacientemente, a demostrarme por qué.

Tenían razón, lo que había escrito no era una tesis doctoral, pero yo no lo sabía. Aún me costaría unos años entenderlo. Creo que siempre he sido un poco lento para aprender cosas nuevas, especialmente aquellas cosas que me afectan como persona. ¿Cómo era posible entonces?

Por aquel tiempo tenía bastante rodaje escribiendo documentos profesionales. Escribir una tesis doctoral no podía ser tan diferente. «A escribir se sabe o no se sabe», pensaba. «Yo no podía ser tan mal escritor». Pero sí, lo era, y también me costó varios años darme cuenta.

Finalmente entregué la tesis. Corrijo, entregué la tesis, pero no la misma que había escrito un año antes. Tuve que reescribirla varias veces y estoy casi seguro de que poco material original sobrevivió. Me convertí en Dr. Ballesteros, lo cual sonaba bastante mejor que don Pablo. Este último título lo había adquirido, como el resto de españoles, al completar la enseñanza general básica. Aparte de eso, poco más cambió.

Una vez escuché que el título universitario no es más que una licencia para seguir aprendiendo mientras te permiten ejercer una profesión cualificada. Esto tiene ciertas analogías con el carné de conducir. Tener el carné no significa que realmente sepas conducir, solo que es «legal» que lo hagas. En mi caso, el doctorado me dio la licencia para investigar. El paso siguiente era empezar a publicar en revistas científicas. No tenía otra alternativa, al menos si quería llegar a convertirme en académico a tiempo completo.

Mi primer artículo lo publiqué a finales de 2010, unos diez meses después de leer mi tesis doctoral. La experimentación de ese artículo la diseñé y ejecuté yo mismo. La escritura, sin embargo, fue en gran parte fruto del trabajo de mis dos directores de tesis. Además, ese artículo apenas tenía que ver con el objeto de mi tesis doctoral.

El primer artículo que intenté escribir yo mismo, aunque no como único autor, fue publicado a principios de 2012. Teniendo en cuenta que ya disponía de buen material de mi tesis doctoral, no conseguí realmente hacerlo hasta dos años después. Fue en una buena revista y ahora puedo decir que valió la pena. Si me hubieras preguntado entonces, no lo habría tenido tan claro. Los dos años que me tomó publicar ese primer artículo derivado de mi tesis supusieron casi un segundo doctorado.

Después empezaron a venir más artículos. También vinieron muchos rechazos. Ya no era imposible. Si lo conseguí una vez, podía conseguirlo más veces. Así fui aprendiendo el oficio. A base de prueba y error y, sobre todo, con mucho esfuerzo y dedicación. Pero el proceso de aprendizaje estaba lejos de concluir. Progresivamente, me percaté de que publicar no era simplemente cuestión de acumular experiencia. A pesar de lo que sugería Michelle Obama, no consistía únicamente en dedicarle «más tiempo» a algo. Pero por aquel entonces no tenía una alternativa mejor, así que seguí un par de años trabajando exactamente igual.

2014 fue otro año crítico para mí. Ese año no conseguí publicar nada. El único artículo que publiqué se había aceptado en 2013. Ante mi fracaso y convencido de que todo era cuestión de hacer un esfuerzo mayor, redoblé el tiempo que le dedicaba a la investigación. Mi joven familia se resintió en el proceso. Mi humor también. Al final de 2014 conseguí que me aceptaran un artículo de los cinco que debía de tener en revisión en aquel momento. Era una buena revista. El artículo no sería publicado hasta 2015, pero al menos ya había cumplido con mi universidad aquel año. No obstante, otra vez percibía que algo no funcionaba. Estaba llegando al cuello de botella de mi capacidad productiva. Tenía demasiados artículos que volvían rechazados. El proceso de reformateo para enviarlos a otras revistas consumía excesivo tiempo. La calidad de mi docencia también se resentía.

A finales de 2014 tuve los primeros atisbos de convencimiento de que no estaba trabajando de forma adecuada. La culminación del convencimiento llegó dos años más tarde. A finales de 2016 llevaba casi un año trabajando como *lecturer* en Inglaterra. Había escrito algunas propuestas de investigación con gran esfuerzo. Cuando las compartía con mis compañeros, estos me las devolvían con una gran cantidad de comentarios críticos. No entendía el nivel de exigencia de mis compañeros. Parecía que disfrutaban destrozando mi trabajo. ¿Estaban leyéndose mis propuestas con atención o simplemente las ojeaban y criticaban alegremente? En ese momento ya había conseguido publicar al menos quince artículos. Tal vez mis compañeros eran demasiado pretenciosos. Yo por mi parte, seguía algo desorientado.

Pero fue a finales de mi primer año en Inglaterra cuando tuve la certeza de que tenía un problema con mi forma de trabajar. Preparé una propuesta para un pequeño proyecto de investigación internacional. La compartí con el entonces director de escuela que me llamó dos días después a su despacho. Recuerdo que me dijo: «Pablo, mira. Me he leído tu propuesta de principio a fin. Siento decirte que no he entendido nada. Cuando digo nada, digo "nada"».

Como ser humano, todos desarrollamos ciertos mecanismos de defensa. La primera reacción ante una crítica tan directa es pensar que esta no puede ser cierta. La culpa seguramente no era mía, sería suya. Pero las campanas de alerta llevaban sonando suficiente tiempo en mi cabeza. Tal vez la responsabilidad sí era mía.

Ese momento definió los años siguientes de mi carrera. Si me hubiera aferrado a mi tozudez, no habría aprendido nada. Seguramente habría seguido publicando igual que antes, con mis altibajos, con años mejores y peores. Pero puse mi orgullo a un lado. Intenté entender por qué mis colegas tenían aquella reacción ante mis artículos y propuestas, por qué los inundaban de comentarios críticos. Lo que siguió fue revelador.

Tras la reunión con mi director de escuela empecé a leer libros sobre cómo escribir artículos. Aún tenía un proyecto de investigación que entregar y poco tiempo de reacción. Decidí empezar a leer libros porque en ese momento tuve claro que no tenía el conocimiento para solucionar el problema por mí mismo, que sin ayuda no podría corregir mi propuesta de investigación. Los comentarios críticos de otros compañeros tampoco concordaban con mi forma de pensar. Ellos no me entendían y yo parecía no entenderlos a ellos. Tal vez buscar en libros me daría algunas ideas.

Fue cuando me desprendí de la convicción de que creía saber escribir cuando me percaté de la existencia de algo llamado «escritura académica». Para no extenderme demasiado solo compartiré esto contigo: realmente no tenía ni idea de escribir. Había publicado artículos, pero con muy poca eficiencia. Enviaba propuestas científicas, pero entre las pocas que eran financiadas, lo conseguía por la mínima y con una inversión descomunal de tiempo y energía. No tenía ni idea de cómo reportar ciencia. No entendía qué iba en cada parte de un artículo científico. No entendía cómo argumentar ni convencer. Pero entonces —a finales de 2016 y seis años después de doctorarme— aprendí. Y ya no olvidé.

Desde entonces he publicado muchos más artículos cada año dedicando la mitad de esfuerzo. He ganado muchos más proyectos y los he preparado en menos de dos semanas. Estoy convencido de que mis textos se entienden mucho mejor, aun cuando el lector esté distraído o los lea diagonalmente. ¿Qué ha cambiado? Fue sencillo. Tuve que aprender a desaprender.

***

Este libro pretende enseñarte a «desaprender». Desaprender lo que crees saber sobre cómo se investiga en el contexto académico y sobre cómo se escribe. Si estás leyendo este libro es porque probablemente perteneces a una de estas tres categorías: eres un investigador novel (doctorando o *postdoc*); eres un profesor universitario que lleva varios años sin conseguir (tal vez hasta sin intentar) publicar; o eres un director de investigación que quiere enseñar a otros investigadores cómo escribir. También podrías ser un académico que consigue publicar, pero al que le cuesta un gran trabajo hacerlo. En cualquier caso, este libro te va a ser de utilidad. Si me acompañas, prometo hacer el viaje interesante.

En este prólogo te he contado cómo empecé. Por el momento aún no te he contado nada acerca de mis otros méritos. Los ha habido, por supuesto. Tan solo te he contado aquellos momentos que me definieron como investigador, como «auténtico» investigador. Existen otras vías pero todas pasan por lo mismo: por obrar profundos cambios en ti. Vas a tener que dejar de hacer algunas cosas que haces. Vas a tener que empezar a hacer cosas que antes no hacías. No existe otra manera. Si no estás dispuesto, puedes dejar este libro donde lo cogiste.

En el momento de escribir este libro era investigador Ramón y Cajal en la Universidad de Cádiz. Llegué allí por un tortuoso camino. Conseguí esa posición gracias a ganar una de las tres plazas que se ofertaron en España bajo los programas de promoción de talento. Tuve suerte. En mi país siempre ha habido poco dinero para investigar. Esto pasa en muchos otros países también. Cuando competí por este contrato en 2017, solo hubo tres plazas para todo el país en la categoría de Ingeniería y Arquitectura. Ya te he dicho que fui afortunado. Otros años solo hubo dos plazas. Otros años solo una. Quedé en segunda posición y pude elegir en qué universidad española quería trabajar. Elegí Cádiz por motivos que gustosamente te contaré si algún día coincidimos tomando un café en una conferencia.

Ese contrato me permitió dedicarme a investigar a tiempo completo durante cinco años. El Estado español me pagaba cada día por ir a trabajar y a investigar lo que consideraba oportuno. Se supone que demostré por medio de un proceso altamente competitivo que era un investigador autónomo y fiable. Yo decidía, por tanto, lo que aprendía y lo que escribía. La mera perspectiva de haber tenido esa responsabilidad habría sido inconcebible (casi aterradora) algunos años antes. Entonces (y hasta hoy) me parece el desenlace natural de muchas decisiones que tomé en mis primeros años como investigador.

¿Por qué escribir este libro entonces? Para mí habría sido más fácil seguir publicando artículos y ganando proyectos. Escribir un libro supone mucho tiempo y esfuerzo. La primera razón es porque creía que debía hacerlo. Quería hacer la vida más fácil a otros que inician el mismo camino que yo inicié con el doctorado. Por aquel entonces había publicado más de cuarenta artículos y un número similar de comunicaciones en congresos internacionales. La gran mayoría de estos artículos los había publicado en revistas del primer cuartil y del primer decil. Había sido también el primer autor y autor de correspondencia en la mayoría de esos artículos. Por tanto, cuando hablo en este libro de cómo escribir, te hablaré de cómo lo he hecho yo, de mi experiencia personal y de lo que aprendí de muchos otros.

En la actualidad soy editor de una revista científica bastante reconocida en mi área. También soy revisor de propuestas de investigación en varios organismos de investigación. Competí por muchos de estos puestos en su día y es un honor seguir ocupándolos. Reviso y edito más artículos en un año de los que la mayoría de investigadores leerán en toda su vida. He ganado bastantes proyectos de investigación y trabajado para cinco universidades. He trabajado en cuatro países y experimentado en diferentes contextos el mismo proceso de publicar. He trabajado también con muchos colegas extranjeros y toreado innumerables revisores. Me queda mucho por aprender, por supuesto, porque este camino nunca termina. No obstante, a medida que progresa la carrera profesional, el tiempo también escasea. Con todas mis carencias e imperfecciones, era entonces cuando creí haber alcanzado un equilibrio entre ser lo bastante competente para escribir este libro y tener el tiempo suficiente para hacerlo. Más adelante, como hoy en día, probablemente habría sido más competente, pero no habría dispuesto del tiempo necesario.

Hay otro motivo por el que quise escribir este libro. En inglés hay numerosos textos (algunos muy buenos) sobre cómo escribir artículos científicos. En español ocurre justo lo contrario: hay pocos y la mayoría son deficientes. Dado que somos tantísimos investigadores de habla hispana, parecía necesario atender esta necesidad. Aun cuando aprender inglés sea necesario si quieres dedicarte a esto, muchos de nosotros no lo aprendimos en serio hasta después de doctorarnos. Este libro te ayudará a desarrollar tus habilidades de investigación en paralelo, no secuencialmente, a la adquisición de otras (el idioma, por ejemplo). Esto puede ahorrarte un tiempo considerable.

Existe una última razón. Por aquel entonces y hasta hoy he impartido múltiples seminarios y cursos sobre cómo escribir artículos científicos. Los asistentes de estos cursos han compartido conmigo lo reveladores que han sido algunos de mis consejos para conseguir publicar. Con ello ha surgido una oportunidad de ofertar cursos de mayor duración. En ellos abordo el proceso de escritura académica con mayor profundidad, pero también requieren de un material de consulta mucho más estructurado. Hasta el momento había generado una gran cantidad de material en forma de notas, ejercicios y presentaciones. Ponerlos en orden lógico se estaba haciendo necesario. Creí que ello beneficiaría a mis futuros alumnos y también me ahorraría mucho tiempo.

Y con tu permiso, tendré un último acto de autoindulgencia. He de confesar que disfruto escribiendo artículos. También disfruté con el proceso de escritura de este libro. Con gran esfuerzo despejé tres meses de mi más que apretado calendario para completarlo. Escribí un poco cada día, un capítulo por semana aproximadamente, y en tres meses conseguí terminar y editar el libro completo. Fue una experiencia gratificante, aunque, si soy sincero, espero no tener que volver a pasar por lo mismo hasta dentro de otros cinco años. Escribir un texto tan largo prácticamente desde cero fue una experiencia extenuante.

***

Para finalizar este prólogo responderé a dos preguntas que son esenciales: ¿Cómo está estructurado este libro? Y, sobre todo, ¿qué ofrece este libro que otros no ofrecen? Aquí pretendo convencerte de que no solo sé lo que estoy haciendo, sino también de que leer este libro es una buena forma de invertir tu tiempo. Empezaré con la segunda pregunta.

¿Qué contiene realmente este libro? Simplemente contiene de forma concisa las lecciones que un mentor altamente involucrado debería transmitir durante tus años de formación como investigador. Desafortunadamente, los mentores altamente involucrados no existen. No es físicamente posible. Incluso aquellos que fuimos afortunados y contamos con acceso permanente a nuestros directores de tesis, no podemos decir que ellos pudieran enseñarnos todo lo que necesitábamos. Es obvio. Cada uno tiene su vida y muchísimas otras obligaciones. El aprendiz debe buscarse la vida. Somatizar esta lección cuanto antes en tu carrera investigadora es absolutamente necesario. La responsabilidad de aprender es tuya y de nadie más. Eres tú el que debes ir corrigiendo tu propio rumbo y aprender lo que crees que necesitas en cada momento. Nadie puede contarte cómo investigar algo nuevo e inexplorado porque, por definición, dejaría de serlo. Además, también dejaría de ser interesante y desafiante. Precisamente por esto último es por lo que gran parte de nosotros seguimos en la Academia.

Pero aún no te he dicho qué vas a encontrar en este libro. Aquí te voy a contar qué tienes que hacer para dominar la escritura académica. Con ella podrás hacer muchas cosas útiles en tu día a día. Es probable que lo primero que te venga a la cabeza es que finalmente podrás escribir buenos artículos científicos y propuestas de investigación. Pero también te servirá para muchas otras cosas como expresarte con mayor claridad y brevedad en cualquier otro contexto. Un ejemplo común será cuando prepares apuntes para tus alumnos, cuando escribas *emails* complejos o cuando redactes reportes, actas o documentos de trabajo para tus compañeros. En cuanto tengas un poco de práctica, la escritura académica permeará en cualquier cosa que escribas. Serás mucho más consciente de cómo escribes y de cómo entienden los demás lo que escribes. Por último, como decía un colega inglés, cuando domines la escritura académica, no podrás volver a leer muchas revistas de divulgación y artículos de internet. Esto significa que cuando seas consciente de cómo se escribe correctamente, te darás cuenta de que gran parte de la gente que te rodea no sabe hacerlo.

Este libro pretende ser una guía con la que aprender a escribir bien y conseguir con ello publicar artículos científicos más fácilmente. Pero la escritura académica tiene múltiples aristas y hay que abordarlas todas. Por ello el libro está estructurado en cuatro bloques.

En el primer bloque («El investigador») describo una serie de habilidades que debes adquirir como investigador. Son aspectos que, de ignorarlos, lastrarán tu avance continuamente. Entre ellos te explicaré cómo sacar tiempo y aprender inglés. Estos son algunos obstáculos que debes superar de una forma u otra si quieres convertirte en un investigador autónomo.

En el segundo bloque («Comunicando investigación») nos centraremos en cómo se escribe y cómo se reporta investigación. Empezaremos con la unidad más pequeña de cualquier texto: las palabras, las frases y los párrafos. Aprenderás una serie de principios sobre cómo se escribe bien y cómo no. Cuando sepas escribir, te enseñaré cómo crear tablas y figuras que permitan contar veraz y brevemente los hechos principales de tu historia. Finalmente, los dos últimos capítulos de este bloque se centrarán en explicar qué es lo que deben contener las secciones de un artículo. Seguramente muchos lectores encontrarán en estos capítulos una interesante guía de referencia. No obstante, recuerda: sin aprender a escribir antes correctamente, escribir un artículo científico es casi imposible.

En el tercer bloque («Trabajando con otros») te contaré cómo se trabaja con otros (coautores) y para otros (universidades, centros y grupos de investigación). Estos son recursos que deben ser bien gestionados. A tu favor se convertirán en potentes herramientas. En tu contra pueden hacer tu vida como investigador realmente miserable. El último capítulo de este bloque se centrará en todo lo que ocurre con tu artículo una vez se envía a una revista. Es probable que el proceso se parezca poco a lo que te imaginas. Por eso, con mayor motivo, debes conocerlo.

El cuarto bloque («Rechazos y revisiones») describe con detalle la fenomenología de errores que deben evitarse antes y después de enviar artículos. En estos capítulos aprenderás la visión de los editores, de los revisores y de los gestores de proyectos de investigación. También aprenderás cómo contestar (y cómo nunca hacerlo) cuando te soliciten cambios.

Pero, ¿quiero decir con ello que este libro es un compendio de casi todo lo que necesitas saber sobre cómo escribir artículos científicos? No, eso no es posible. Ningún libro puede prometerlo, y créeme, me he leído muchos. Conseguir que un libro aborde absolutamente todos los aspectos que un investigador puede necesitar ocuparía infinitas páginas. También debería rebajar el nivel intelectual de este libro al de un pregraduado universitario. Eso no me parece un movimiento inteligente. Explicar excesivamente los mismos conceptos y/o proporcionar más ejemplos de lo necesario no logrará que entiendas mejor lo que quiero decir. Precisamente, si hay algo que he aprendido a fuego es que, muchas veces, menos es más. Al escribir este libro, tengo en mente a jóvenes profesionales, investigadores y profesores universitarios. Gente con capacidad intelectual suficiente para entender lo que quiero enseñar. Si te estás planteando embarcarte en un doctorado o en un máster, es muy probable que tengas esta capacidad. Si no la tienes, el sistema educativo aún no te la ha transmitido y este libro tampoco lo hará.

En consecuencia, el libro apenas contiene explicaciones de cosas que puedas aprender por ti mismo en un período relativamente corto de tiempo. Si hay algo sobre lo que no me gusta escribir, aunque lo he visto en muchos otros libros de investigación, es sobre lo obvio e intrascendente. Aunque este libro los mencionará brevemente, no esperes encontrar mucha información sobre aspectos como: decidir el orden de los autores, sobre qué poner en las afiliaciones, los *acknowledgements* o los apéndices, ni siquiera sobre cómo se abre un perfil en ResearchGate u ORCiD. Sí, esas cosas son útiles. No obstante, lo más probable es que ya las conozcas o que las aprendas por simple exposición al mundo de la publicación científica. Análogamente, también te contaré que el uso de gestores bibliográficos y el manejo de bases de datos como Scopus o Web of Science es absolutamente necesario. Para muchos (para mí no) también es esencial utilizar compiladores de texto como Latex®. No obstante, esto no es un manual de aplicaciones informáticas. La tecnología avanza muy rápidamente. Un libro como este no podría mantenerse a la par, así que ni lo intentaré.

Por tanto, este libro pretende ser una guía sencilla y directa sobre cómo aprender a escribir con gran efectividad para hacerte progresar en tu carrera como investigador. Con esta escritura podrás conseguir publicar y ganar proyectos mucho más fácilmente. El objetivo es simplemente que te cueste menos que los seis años que me tomó a mí.

Un último consejo: digiere este libro poco a poco. Observarás que he realizado un gran esfuerzo de condensación en cada capítulo. Debes estar preparado para absorber lo que te tengo que contar. En mi opinión, un capítulo al día es más que suficiente. Un capítulo a la semana sería incluso mejor (este prólogo podría contar como tu primer capítulo). Esto es así porque los cambios tienen que producirse en ti y en tu forma de trabajar. Todos tenemos gran inercia a cambiar de hábitos, incluso con grandes dosis de fuerza de voluntad. El cambio de tu forma de trabajar no ocurrirá de la noche a la mañana. Si lees en grandes trozos, lo más probable es que tu organismo deje de absorber lo que tengo que contarte o incluso genere rechazo. Para cualquier asimilación de conceptos es necesario algo de tiempo. Dicho esto, mi tiempo es escaso y entiendo que el tuyo también. ¿Comenzamos?

BLOQUE I:

EL INVESTIGADOR

1. Condiciones necesarias (pero no suficientes) para publicar

Publish or perish ('publica o muere'). Este es el principio imperante hoy en día en gran parte del mundo académico anglosajón, centroeuropeo y norteamericano. En el mundo hispanohablante estamos adoptando un modelo similar. Cada vez quedan más lejanos aquellos días en los que las tesis doctorales eran unos documentos extensos y en los que publicar era algo accesorio. Solo aquellos que lleven bastante tiempo en el sistema universitario podrían no haber sentido la presión por publicar. Para los jóvenes que intentan acceder a un empleo en la ciencia o la universidad hoy en día, publicar no es una opción, es una obligación. Lo mismo aplica si deseas promocionar. La docencia podrá pagar gran parte de tu sueldo, pero difícilmente te ayudará a progresar en el escalafón académico. Esto no va a cambiar en un futuro cercano, por mucho que algunos estamentos universitarios digan lo contrario.

Sin embargo, publicar no tiene por qué ser una pesadilla. De hecho, puede ser lo contrario: algo de lo que te sientas orgulloso y un signo de superación. Pero los inicios son duros, en eso estamos de acuerdo. La intención última de este libro es ponértelo más fácil. El objetivo de este capítulo en particular, es el de empezar a interiorizar algunos hábitos básicos. Ya hablamos en el prólogo de que sin modificar lo que haces te será muy costoso publicar. Aquí te voy a explicar qué necesitas hacer incluso antes de sentarte a escribir.

El título de este capítulo, como el de todos los siguientes, no es casual. Hay un viejo chiste irlandés sobre un turista que estaba conduciendo por la campiña irlandesa. Tras desorientarse, decidió detener su vehículo y preguntar a un transeúnte cómo llegar a la capital, Dublín. La persona le respondió: «Si estuviera conduciendo hacia Dublín, yo no empezaría aquí». Esta respuesta significa que, antes de comenzar un viaje, debes estar seguro de que estás en el lugar de partida apropiado para hacerte la vida más fácil. Si quieres empezar a escribir buenos artículos, debes prepararte para el viaje que te permita adquirir las habilidades necesarias. Si no tienes la mochila apropiada, no podrás cargar los útiles que necesitas y sin ellos no podrás completar el viaje.

Comencemos. Hay tres condiciones básicas que cualquier investigador que desee publicar artículos debe interiorizar cuanto antes. Voy a presentarlas de mayor a menor relevancia, que no necesariamente de mayor a menor esfuerzo. Cada uno tenemos nuestros puntos débiles. Debes identificar los tuyos y trabajar más intensamente en ellos.

1.ª condición: Sacar tiempo para investigar y escribir

Publicar es difícil, al menos al principio. Para aprender a publicar, antes hay que aprender a escribir. Para aprender a escribir, hay que escribir mucho y leer mucho. No hay atajos.

Stephen King, en su libro *On writing: a memoir of the craft* [2], apunta que él se pasa la mañana escribiendo y la parte final de la tarde leyendo. Esto lo hace prácticamente todos los días del año. Él, como muchos otros escritores, no cree que exista otra manera de convertirse en escritor. Ambas cosas, leer y escribir, requieren, por supuesto, tiempo.

Por tanto, si crees que no tienes tiempo para leer y escribir o simplemente no estás dispuesto a crearlo, no sigas con este libro. No va a solucionar ninguno de tus problemas. Dedicarle el tiempo necesario a una cosa es la primera condición esencial para aprenderla.

Las primeras preguntas que podrían surgirte son: ¿qué leo y cómo practico la escritura? La escritura la abordaremos con detalle en el siguiente capítulo, así que dejémosla fuera del radar por el momento. Respecto a qué leer, es sencillo. Si puedes, lee libros (reconocidos) y artículos (recientes y clásicos) de tu área de investigación. Esto es un trabajo que podría llegar a ocuparte varios años. Sin embargo, no hay que intentar leer todo, ni leerlo en poco tiempo. Eso es imposible. Cada día seguramente se publican decenas de artículos en tu área. También es imposible entender todo lo que leas, ni siquiera gran parte, al menos al principio. Con el tiempo, la proporción de lo que entiendas irá mejorando.

Ser revisor de artículos en revistas también es algo útil. De hecho, puede ser un sustitutivo (parcial) de tener que leer todo lo que se publique en tu área. Pero ser revisor tiene otras ventajas. En primer lugar, eres conocedor de quiénes publican (o intentan publicar) y sobre qué publican. En segundo lugar, te permite apreciar las diferencias de calidad entre aquellos artículos que se publican y los que no. Por último, ser revisor te permite comparar tus opiniones con las de otros revisores. Esto es interesante para anticipar cómo diferentes personas pueden interpretar lo mismo que has leído tú. Cuando escribas tus artículos, esta empatía que habrás ido adquiriendo es una habilidad esencial. Anticipar cómo pueden entender otros lo que escribes te ayudará a escribirlo de forma más clara. De cualquier forma, las tres ventajas de revisar son beneficiosas a medio plazo, pero revisar, por supuesto, también consume tiempo.

Pero no te obsesiones. Estos son simplemente hábitos saludables que a la larga se convierten en habilidades. Pero la conversión de hábitos en habilidades ocurre con lentitud. Revisar muchos artículos a la semana no va a convertirte en un gran escritor a corto plazo. Hay que compaginar esta labor con la de tu actividad investigadora principal. Leer o releer artículos seminales también ayuda a entender tu área mucho mejor. A veces incluso será necesario cuando lo que investigues complemente o contradiga lo que la comunidad científica había dado por supuesto. Cuando llegues a este punto, deberás haberte leído y entendido perfectamente lo que aquellos que crearon tu disciplina dijeron inicialmente. Escapar de los estereotipos puede ser una ardua tarea.

Entonces, la pregunta del millón sería: ¿cuánto tiempo necesito reservar para escribir? Esto es bastante más difícil de responder, pero te proporcionaré algunas guías.

Las personas más prolíficas que conozco tienen horarios para escribir de lo más variado. Yo, por ejemplo, puedo estar varios meses realizando experimentación, explorando y quedándome con lo que considero publicable. Cuando me pongo a escribir necesito empezar un lunes o un martes. Esto es así porque cuando empiezo, intento no detenerme hasta completar el primer borrador del artículo. En los días en los que estoy escribiendo estoy altamente concentrado. Cuando vuelvo a casa sigo pensando en lo que debo escribir o editar al día siguiente. Es decir, no consigo desconectar, ni siquiera cuando dejo de escribir. Durante la semana de escritura me convierto, por decirlo suavemente, en una persona poco sociable. Si llega el fin de semana y no he terminado el artículo, continúo pensando en él. Eso es malo para mí y para mi familia.

Por eso empiezo a principios de la semana, para poder acabar antes del sábado.

Podrías pensar, sin embargo, que mi caso es algo extremo o que tal vez tengo suerte por conseguir despejar una semana completa para poder escribir. No te apresures a juzgarme. En primer lugar, esa semana la despejo con bastante antelación. Generalmente, si algo inesperado ocurre, por supuesto dejo de escribir. Pero también he de decir que cosas «importantes y urgentes» suceden pocas veces. Sí suelen surgir cosas importantes, pero no urgentes. Esas cosas intento dejarlas para la semana siguiente. Si no puedo retrasarlas, las arrincono al final de mi jornada laboral para estar seguro de que les dedico el tiempo mínimo. Cuando escribo, intento hacer solo eso: escribir. En conclusión, yo necesito escribir en pocos pero grandes y continuos bloques de tiempo a lo largo del año.

Respecto a qué hacen otros compañeros, los hay mucho más entregados que yo. Un profesor retirado me confesó una vez que cuando él escribía artículos prácticamente no dormía ni comía. No lo hacía porque su cerebro no se lo permitía. En cuanto dejaba de escribir, las ideas se le volvían difusas. Su mente estaba en modo escritura las veinticuatro horas del día. Eso sí, conseguía acabar el primer borrador en dos o tres días como mucho. Puede que el primer borrador no fuera muy bueno, pero la parte más demandante estaba superada. Después podría editarlo cuantas veces fuera necesario.

¿Y qué pasa cuando uno no puede generar largos intervalos continuos de tiempo? Pues que hay que generarlos con una configuración distinta. En un extremo del espectro podemos encontrar gente como Stephen King que dedica casi todas las horas de la mañana de casi todos los días del año. En el extremo opuesto podríamos encontrar al novelista Anthony Trollope [3]. Anthony fue oficinista del servicio postal inglés a mediados del siglo XIX. También fue el inventor de los icónicos buzones de correos que suelen encontrarse hoy en día en gran parte de Inglaterra. Cada mañana, Anthony se levantaba temprano y escribía durante dos horas y media antes de irse a trabajar. Su horario y disciplina eran férreos. Si no había acabado una frase antes de irse al trabajo, dejaba la frase a la mitad. Soltaba el lápiz y se marchaba. Si por el contrario, había terminado una novela y le quedaban quince minutos antes de marcharse, apartaba el manuscrito y comenzaba con la siguiente. Anthony Trollope murió relativamente joven a la edad de sesenta y siete años.

Pero antes de morir había escrito cuarenta y siete novelas, muchas de ellas de más de seiscientas páginas; docenas de historias cortas e incluso algunos libros de viajes. Esta producción lo convirtió en uno de los escritores más prolíficos de la historia de la literatura. Su secreto consistía simplemente en ser disciplinado y aprovechar el tiempo al máximo. Anthony Trollope es considerado hoy en día uno de los escritores ingleses más exitosos y respetados de la época victoriana.

¿Cuál es la conclusión? Todos tenemos poco tiempo, pero hay que priorizarlo en función de lo que realmente necesitamos hacer. Es probable que tengas que apartar otras actividades. Hazlo. Sin el tiempo necesario no hay forma de aprender a escribir. Sin tiempo tampoco hay forma de escribir, aunque ya sepas hacerlo. Adáptate a tus ritmos circadianos. Es probable que seas una persona de mañanas, de tardes o de noches. Escribe cuando estés más lúcido. Lee o haz otras actividades de menor exigencia intelectual (arreglar referencias, formatear tablas, etc.) cuando estés menos concentrado. Simplemente, genera los huecos de tiempo y mantente ocupado en ellos.

Dos consideraciones finales: la primera acerca del lugar de trabajo, la segunda sobre la búsqueda de la inspiración. El lugar donde trabajes es relativamente poco importante. Solo hay un requisito esencial: trabaja donde sea difícil que te interrumpan. Este lugar puede ser tu despacho con la puerta cerrada. Podría ser también un cuarto pequeño y oscuro en la parte trasera de la casa. Desconecta los distractores comunes como el *email*, teléfono y redes sociales. Ponte a trabajar y no te levantes. Mientras escribas lo importante sois tú y tu procesador de textos.

La segunda consideración es sobre la búsqueda de la inspiración. Es probable que esto te preocupe, pero si quieres mi consejo, ni te lo plantees. La inspiración llegará por sí sola. No cuando tú quieras, pero llegará. En años recientes nos han intentado vender el concepto de «tiempo de calidad». Esto es como si generar este tipo de tiempo fuera un acto totalmente volitivo. Pero como en muchos otros aspectos de la vida, no existe «calidad sin cantidad». Es decir, si quieres escribir buenos artículos, vas a tener que escribir muchos artículos. Algunos de ellos, tal vez los que no creías los mejores, llegarán a ser relevantes para otros. Esto no es exclusivo de los investigadores, sino que pasa en muchos otros campos también. Por ejemplo, músicos como Mozart, Beethoven o Bach compusieron multitud de piezas. La mayoría de ellas no eran brillantes y algunas ni siquiera eran buenas. Aun así, los reconocemos hoy en día por las que sí lo fueron. No hay que temer a fracasar, ni bloquearse en intentar alcanzar la perfección a la primera. Es cuestión de empezar y, a veces, de saber desprenderse de lo ya escrito.

¿Cómo se empieza entonces? Palabra a palabra. No te preocupes demasiado por la calidad de tus primeros borradores. Muchos generamos basura hasta que calentamos motores. Ya tendremos tiempo de revisarlo y editarlo cuantas veces sea necesario más adelante.

Por último, acerca también de la inspiración, entre investigadores experimentados sabemos que las ideas más brillantes suelen llegar en momentos de relajación, pero casi siempre entre períodos de trabajo intenso. Yo tengo costumbre de trasladarme en bicicleta. Lo hago porque me permite hacer algo de deporte y desconectar del trabajo antes de llegar a casa. A casi todos los investigadores nos cuesta desconectar cuando salimos del trabajo. Prácticamente todas mis ideas geniales me han llegado en dos momentos: cuando me desplazo en bicicleta, o cuando me despierto muy temprano y permanezco pensando en la cama. Ambos son momentos de relajación en los que el cerebro puede hacer conexiones increíblemente profundas. Otros compañeros han compartido conmigo que ellos también suelen tener las mejores ideas cuando están haciendo deporte o cuando se están duchando. Parece que lo atípico es que la inspiración llegue justamente cuando estés trabajando y sentado frente al ordenador. También es inusual que llegue justo cuando estés haciendo tareas mecánicas que requieren tu atención (haciendo ensayos, conduciendo a casa). La inspiración puede visitarte en cualquier momento, pero sin trabajo duro (y con cierto descanso), lo más probable es que no te encuentre preparado para aprovecharla.

2.ª condición: Aprender inglés

Aprender inglés también es necesario si quieres investigar. Si odias este idioma, debes saber que las primeras sociedades científicas escribían todo en latín. Previo a la Segunda Guerra Mundial, los idiomas científicos dominantes eran el alemán y el ruso. Los dos eran bastante más difíciles que el inglés, así que puedes sentirte afortunado.

Aun así, aprender otro idioma, sea el que sea, no es ni fácil, ni rápido. Dicen los expertos que para aprender un idioma se requieren entre

3000 y 10 000 horas [4]. Incluso pensando que el inglés es más sencillo que otros idiomas, 3000 horas es más que la duración de una carrera universitaria. Pero no hay atajos para acortar esa cantidad de tiempo, lo siento.

Déjame que te cuente cómo fue para mí. Cuando empecé a aprender inglés en serio tenía treinta años y acababa de doctorarme. Eran principios de 2010. Trabajaba como ingeniero en la empresa privada, pero ya veía en la ciencia mi futuro. Fue entonces cuando empecé a plantearme trabajar a tiempo completo en la universidad. El problema era que el gobierno español acababa de promulgar un decreto que prohibía reponer cualquier profesor que se jubilara en las universidades. Aun teniendo los méritos mínimos necesarios, las universidades de mi país habían dejado de ser una opción viable para mí.

Empecé a buscar plazas de profesor en el extranjero. La lista de países en los que se hablaba español se restringía prácticamente a Sudamérica y Centroamérica. En estas regiones, los países que alcanzaban las condiciones laborales, sanitarias, educativas y de seguridad que mi familia y yo esperábamos no eran muchos. Aprender inglés parecía la mejor opción.

En mi caso empecé a estudiar este idioma (que no a aprenderlo) en el colegio a partir de los trece años. Había sacado siempre notable. Para mí el inglés era como cualquier otra asignatura. De niño nunca aprecié su utilidad, pero eso no significa que no la tuviera. Al fin y al cabo, la mayoría de niños no se visualizan saliendo de su país y yéndose al extranjero a trabajar.

Cuando me doctoré tenía justamente treinta años recién cumplidos. No había vuelto a estudiar inglés desde que tenía veinte. La verdad es que no sentía que fuera capaz de hablarlo. Mi caso no era algo aislado. Estoy seguro de que gran parte de los hispanohablantes se han sentido igual en algún momento. Si te sirve de consuelo, a los angloparlantes les pasa exactamente lo mismo cuando aprenden un segundo idioma.

Pero yo estaba determinado a convertirme en profesor a tiempo completo. En mi situación, el camino más fácil pasaba por encontrar un puesto en una universidad extranjera de habla inglesa. Tenía que aprender inglés de una vez por todas. Me consagré a ello durante los siguientes cuatro años de mi vida (de 2010 a 2013). Esto lo compaginé con la escritura de mis primeros artículos científicos.

Inicialmente me apunté a academias de inglés, pero no avanzaba lo suficientemente rápido. En estos lugares puedes encontrar una gran cantidad de alumnos que se sienten satisfechos por el mero hecho de asistir a clases. No les importa mucho si realmente progresan o no. Ese no era mi caso. Yo quería aprovechar el tiempo. Tras varios meses de lastrar mi avance con lo que yo consideraba compañeros insuficientemente motivados decidí dejar de pagar y empezar a estudiar por cuenta propia.

Entonces me compré un libro de ejercicios de *Cambridge* nivel *Advanced* (C1). El libro contenía cerca de dos mil ejercicios en casi seiscientas páginas. En otro alarde de fuerza de voluntad conseguí terminarlos todos en menos de seis meses. Con gran amargor recuerdo cómo, a la semana de haber completado el libro, no recordaba prácticamente nada de lo que había estudiado. Creo que lo tuve claro en aquel momento: había estado perdiendo totalmente el tiempo. Segundo intento fallido. Las academias y los libros de ejercicios no servían para aprender inglés.

¿Qué hice entonces? Adopté un enfoque más radical. Generé una burbuja vital en la que solo existiera el inglés. Como seguía viviendo en España y no tenía dinero para hacer estancias en el extranjero, cambié de idioma mi teléfono móvil, el *software* de mi ordenador, empecé a leer exclusivamente en inglés, y también pasé a ver solo películas y series en este idioma. Es decir, dejé de estudiar inglés y empecé a utilizarlo.

Por aquellos días también comencé a intercambiar infinidad de *emails* con el que sería uno de mis mejores mentores, el profesor Martin Skitmore. Él era un académico británico con residencia en Queensland (Australia). Con mi inglés mediocre y observando cómo escribía él, fui mejorando poco a poco mi forma de escribir en su idioma. Meses más tarde, un amigo me habló de una web donde había infinidad de conferencias de muchas temáticas. La web era *www.ted.com* [5]. No era tan conocida por aquel entonces, pero ya contenía suficiente material para que alguien como yo pudiera sacarle partido. Cada día me propuse ver o escuchar al menos una charla o conferencia. A veces las veía con subtítulos en inglés y otras veces sin subtítulos. Como puedes observar, me tomé el aprendizaje del idioma con disciplina militar.

Por aquel entonces no existían plataformas de *streaming* como Netflix o HBO, así que cambiaba el idioma en la televisión cuando el programa lo permitía. A veces también alquilaba películas en el videoclub en DVD para poder cambiar el idioma. Las películas inglesas o americanas que estaban en internet las veía en idioma original. Recuerdo no obstante, que durante los primeros tres años de aprender inglés apenas entendía lo que decían. Eso también le pasa a mucha gente. Los diálogos de series y películas suelen contener muchas palabras y expresiones poco comunes.

Por último, compré un Amazon Kindle. La primera generación tenía botones físicos y contaba con un traductor integrado. Señalabas la palabra y la traducía. No era un traductor muy bueno, pero hacía su papel. Poco a poco, todas estas cosas me ayudaron a aprender inglés sin poner un pie en el extranjero.

El paso definitivo lo di cuando me topé con unas listas de Richard Vaughan. Para aquellos que no lo conozcan, Vaughan fue un personaje relativamente mediático en la España de los años 2000. Tenía varios programas televisivos y radiofónicos con los que enseñaba inglés al público general. En sus programas hacía incesante publicidad de otros recursos docentes de su propia marca (libros, CDs, cursos, etc.). Previamente nunca me habían llamado la atención esos recursos. Mi mala experiencia con las academias y los libros de ejercicios me hacían desconfiar. Pero en ese momento di con uno que cambiaría mi vida. Se llamaban *Translation booklets* y consistían en una serie de ocho cuadernos con multitud de listas de veinticinco frases. Para cada lista existía un archivo de audio en el que, en primer lugar, se escuchaba una frase en español que tras dos segundos se traducía al inglés. El sistema era sencillo. Había que repetir cada lista en voz alta hasta que pudieras recitar la traducción al inglés al mismo tiempo que la voz lo hacía. Eso sí, había muchas listas y la complejidad era vertiginosamente creciente.

Me encontré con las listas a principios de 2011, justo un año después de haber empezado a estudiar inglés con seriedad. Recuerdo que le dediqué a esas listas entre treinta y sesenta minutos diarios de lunes a viernes. Aprovechaba los dos o cuatro viajes diarios que realizaba en coche a mi trabajo. Como cada trayecto duraba entre quince y veinte minutos, en algunos de ellos practicaba las listas. En el resto de trayectos escuchaba *podcasts* (en inglés, por supuesto). Me costó unos seis meses completar todas las listas y repetirlas con relativa soltura. Fue duro, pero conseguí terminarlas.

Con las listas de Vaughan aprendí toda la gramática que necesitaba. También aprendí a escribir en inglés ya que de vez en cuando cotejaba cómo se escribía lo que recitaba en voz alta. Por último, gracias a las listas también adquirí una pronunciación inglesa decente. No me gusta dar falsa publicidad a métodos de inglés, pero los *translation booklets* de Richard Vaughan me ayudaron muchísimo. A los seis meses de empezar las listas conseguí sacar el nivel B2 *(First Cambridge Certificate)*, a los doce meses aprobé el nivel *Advanced* (C1). Aproximadamente dos años más tarde, a finales del 2013, conseguí obtener el máximo nivel de inglés para hablantes no nativos, el *Proficiency* (C2). Por el camino hice otras pruebas de inglés (el *TOEFL*, el *TOEIC*, etc.), pero las hacía por practicar. Mi objetivo no era superar exámenes, sino aprender inglés. Cuando estos objetivos están invertidos, suele haber problemas de aprendizaje.

***

Entonces, ¿cómo se aprende inglés? Te he contado cómo lo hice yo, pero existen infinidad de métodos y casi todos —menos los libros de ejercicios y las academias— funcionan.

Durante los años en los que aprendí este idioma también escuché infinidad de conferencias, *podcasts* y leí unos cuantos libros. De las conferencias de *www.ted.com* ya te he hablado. En cuanto a *podscasts*, a mí me cautivaron especialmente dos: *The vinyl cafe* (nivel intermedio) y *Wait wait… Don't tell me!* (nivel avanzado). Ambos eran programas de radio de unos cuarenta y cinco minutos cuyos anfitriones eran realmente fabulosos. Hoy en día sigue siendo fácil encontrarlos en cualquier plataforma de música como Spotify o Apple music. Cuando tú decidas aprender inglés, escoge los que te parezcan más divertidos o interesantes. No te desanimes si al principio entiendes poco.

En cuanto a libros, he de decir que leí unos cuantos *best sellers* con mi Kindle. También leí libros que hablaban del aprendizaje del inglés. La mayoría de estos últimos me ayudaron poco o nada, así que no los nombraré. No obstante, hubo tres excepciones.

El primer libro fue del propio Richard Vaughan llamado *Si quieres puedes* [4]. En él reflexionaba sobre sus casi treinta años enseñando inglés y, especialmente, sobre cómo se aprende este idioma y cómo no. Era un libro bastante sincero y fácil de leer. Además estaba escrito en español, lo que lo convirtió en casi el único libro en español que leí durante aquellos años. El libro no era perfecto, ni mucho menos. Tenía bastante material irrelevante, pero era fácil identificarlo y saltárselo. En su libro,

Richard confesaba cómo los *translation booklets*, las listas con las que tanto había aprendido, fueron los primeros materiales que desarrolló. Se dio cuenta de que eran muy potentes y prometió no ganar dinero con ellas. Hasta la fecha ha cumplido su palabra. Las listas con los archivos de audio aún se venden a precio de coste en Amazon y en la tienda *online* del propio Vaughan [6]. El resto de materiales que ofrece son otra historia, por supuesto, pero como te he dicho, para mí el material realmente valioso fueron sus listas.

Su libro, además, ofrecía una curiosa taxonomía de los estudiantes de inglés y un listado de métodos con los que cualquier persona puede hablarlo. Los métodos eran estos:

- Leer *best sellers*, como hacía yo con el Kindle.
- Leer en voz alta, como hacía de vez en cuando con algunas páginas de los *best sellers* o cuando repetía las frases.
- Hacer gimnasia gramatical, que yo trabajaba también con las frases.
- Utilizar la escucha directa (prestando atención) e indirecta (sin prestar atención); es decir, dejando la radio o la televisión puesta mientras haces otras cosas. Yo lo reemplazaba con los *podcasts* que ponía en el coche, o cuando veía series y películas en casa.
- El pasajero y la pared. Esto consistía en hablarle a un amigo imaginario. A mí me hacía sentirme algo incómodo así que nunca lo hice, *sorry*. Eso sí, en esos años intercambié cientos de *emails* con mi colega británico afincado en Australia, el profesor Martin Skitmore.
- Hacer estancias en el extranjero, las cuales yo nunca me pude permitir.

Con las cosas que sí que hice puedo constatar que aprendí bastante inglés. Además, lo conseguí en un tiempo reducido y a un precio comparativamente mucho menor que con otros métodos.

Hubo otros libros de referencia que también me facilitaron mucho la vida. Fueron dos libros del mismo autor: Michael Swan. Los libros eran *Basic English Usage* [7] y *Practical English Usage* [8]. El primero de ellos es el que se utiliza en los países nórdicos como único libro de consulta cuando se aprende inglés. Ambos son libros muy prácticos que explican con breves ejemplos las reglas gramaticales más importantes.

Están orientados a personas que aprenden inglés como segundo idioma por lo que son más accesibles (y menos aburridos) que otros. La diferencia principal entre ambos es que el primero es una versión simplificada (de unas trescientas páginas en tamaño A5) del segundo (unas ochocientas páginas tamaño *letter* —15 x 23 cm—). Los dos libros son maravillosos, pero es probable que jamás necesites el segundo. Con el primero seguramente solucionarás el 99 % de tus dudas y futuras confusiones con el idioma.

En cuanto a libros, pocos más puedo recomendarte. En cuanto a métodos alternativos, tampoco. Hazlo como quieras, pero no abandones. Nunca es más duro que al principio.

En mi caso finalmente conseguí un puesto como *lecturer* en la *University of Reading* (Inglaterra). Esto ocurrió en enero de 2016, justo seis años después de haber empezado a estudiar inglés. Los tres años anteriores había sido profesor asistente en la Universidad de Talca (Chile) y no dejé de trabajar con el inglés. Eso sí, a partir de 2012, empecé a disfrutar enormemente del proceso de aprendizaje. La barrera de entrada del idioma ya la había superado y entendía gran parte de lo que leía y escuchaba. También escribía mis artículos en inglés, aunque necesitaban muchas correcciones. Como te decía, lo que más me costó fue llegar a entender las películas y algunas series de televisión. Incluso hoy esporádicamente tengo dificultades para entender a algunos actores.

Pero contaba que finalmente conseguí trabajo en una universidad inglesa. Cuando viajé a Inglaterra a someterme a las pruebas de selección no me pidieron ninguno de los títulos de inglés que había obtenido. Me hicieron dar, eso sí, una clase de veinte minutos (más quince de preguntas) frente a todos los profesores del departamento. Después pasé una entrevista de otros treinta minutos con el decano, el director de la escuela y una futura compañera del área. Era la primera vez que utilizaba el *speaking* con motivos profesionales en toda mi vida. Me preparé muy bien la presentación, por supuesto, y no debí de hacerlo tan mal. Después me enteré de que me habían seleccionado por encima de todos los candidatos internos del departamento.

Una vez en Inglaterra, seguí mejorando mi inglés. De hecho, nunca he dejado de utilizarlo desde entonces. Pero el 90 % del idioma ya lo había aprendido antes de trasladarme a Inglaterra. Hay personas que deciden irse por las bravas a otro país y aprender el idioma por pura exposición. Es perfectamente posible, no lo dudo. Pero en mi opinión, esa es la forma más traumática de aprenderlo. Además, es posible que tengas que pasar por empleos de baja cualificación antes. Por el contrario, cuando ya tienes una base sólida, lo aprendes mucho más rápido. A la larga, creo que mi opción fue más eficiente y más barata.

Aprender inglés también me ha traído otros beneficios inesperados. A medida que pasas la barrera de entrada, aprender otro idioma te abre un mundo de posibilidades. No solo te permite entender mucho mejor otras culturas y acceder a mayor cantidad de información, sino que también ejercita tu cerebro y te hace más inteligente. Hay una última ventaja: aprender otro idioma te hace mucho más empático. Como decíamos, esta cualidad es muy útil cuando intentas anticipar cómo los demás entenderán lo que escribes.

Antes de finalizar, hablemos con franqueza de dos formas de intentar sortear el problema del inglés. Como te he dicho, no hay atajo, pero siempre hay quien intenta crearlo. Por un lado, están los investigadores que escriben muy mal inglés y que, aun así, envían sus artículos a las revistas sin apenas revisarlos. Bien, esto no funciona. Los revisores de revistas decentes consideran que *Sloppy english = Sloppy science* ('inglés chapucero' = 'ciencia chapucera'). Eso no te conviene, porque tu artículo tiene mínimas posibilidades de sobrevivir un proceso de revisión. Hay otros investigadores que deciden escribir todo en su idioma materno y después enviarlo a traducir. En estos casos, salvo que sepan escribir a la inglesa, es decir, con frases muy cortas y directas (y de estos he encontrado bien pocos), la traducción será un desastre. Los artículos hay que escribirlos en inglés desde el principio, aunque sea mediocre.

Como paso final, siempre aconsejo enviar el artículo a un editor profesional. Yo soy de la opinión de que el editor debe revisar tanto la corrección gramatical y ortográfica *(proofreading)* como efectuar una revisión de estilo *(stylistic editing)*. Esto es algo más caro y requiere que sepas que el editor es competente para hacerlo. Los editores de este tipo no abundan. De hecho, lo que abundan son bastantes farsantes muy poco cualificados. Si encuentras un buen editor, cuídalo. Yo he trabajado con bastantes, pero los dos que más me han gustado han sido *Oxbridge* [9] y *American Journal Experts* [10]. Los dos son rápidos, fiables y no tan caros.

Finalmente, para aclarar mi última sugerencia: ¿realmente necesito someter todos mis artículos a una revisión de idioma? Yo lo hago. Como te he dicho, tengo un nivel C2, fui tres años profesor en Inglaterra y, aun así, pago por una revisión estilística antes de enviar mis artículos a cualquier revista. En mi universidad suelen haber pequeños fondos de dinero para este tipo de cosas. Un artículo con buen inglés es diez veces más fácil de publicar. Si no puedes pagar la revisión del idioma, búscate un coautor angloparlante (preferiblemente nativo). En cualquier caso, escribir y revisar los artículos directamente en inglés te ahorrará mucho tiempo a la larga.

3.ª condición: Resiliencia a la crítica

Nullius in verba ('en la palabra de nadie'). En 1663, la Real Sociedad de Londres adoptó esta frase como lema de su institución [11]. La Real Sociedad de Londres fue la primera sociedad científica del mundo y la primera en empezar a publicar artículos tal como los entendemos hoy en día. Más tarde se crearon otras sociedades. A ellas les siguieron las primeras editoriales científicas con fines comerciales.

El lema *nullius in verba* pone de manifiesto que no debe creerse nada simplemente porque lo haya dicho alguien, tenga la autoridad que tenga. Hay que comprobarlo por uno mismo. Esto sintetiza una característica del mundo académico que no es generalmente entendida por personas ajenas a él: «En ciencia, a diferencia de en el mundo real, estás equivocado hasta que se demuestre lo contrario». Esto significa que cuando escribes un artículo científico debes estar seguro de que has comprobado y defendido que las afirmaciones contenidas en él son ciertas. Por eso, cuando los revisores escrutan tus artículos, la posición por defecto es la de rechazarlo. Es tu labor convencerles de que tus experimentos y análisis conducen a un avance significativo de la ciencia que no puede ser interpretado de otra manera más que la que propones. Obviamente, esto siempre entendido dentro de los límites razonables de tiempo y recursos de los que disponen los investigadores.

Por eso, cuando alguien se pregunta por qué los académicos somos tan críticos y desconfiados, la respuesta es simple: en ciencia eres culpable hasta que demuestres lo contrario. Por eso es difícil publicar artículos científicos, y debe seguir siéndolo. Por eso también el plagio y la fabricación de datos son ofensas tan graves para la ciencia [12]. Todo lo que pone en entredicho la veracidad de las evidencias y los argumentos socava la confianza en el trabajo del investigador. Por eso también, enviar el mismo artículo a varias revistas de forma simultánea o copiar sin referenciar son prácticas no admitidas. Si el propio investigador no se comporta de forma ética, no podemos esperar que su trabajo sí lo sea.

Desafortunadamente, los comportamientos poco éticos siempre han existido. En España hemos tenido múltiples casos de políticos y jueces con tesis doctorales cuyos contenidos contenían supuesto plagio o cuya autoría era más bien dudosa [13]. Esto no es solo común de países de habla hispana. Casos similares podemos encontrarlos en países como Alemania, donde políticos con futuros prometedores fueron igualmente acusados de plagio en sus tesis doctorales [14].

Concordamos entonces en que publicar artículos es difícil y que conlleva un gran esfuerzo. Adicionalmente, el mundo académico también tiene gran inercia al cambio. La abrumadora mayoría de ciencia que se publica supone un avance incremental. Cuando esporádicamente se produce un avance revolucionario, la posición por defecto es la de desconfiar que sea cierto. Esto ha pasado múltiples veces y aunque visto desde fuera no se entiende, no son pocos los casos de premios Nobel que vieron cómo sus primeros trabajos eran rechazados [15]. Cuanto mayor es el salto de conocimiento, más difícil es defender que lo que se ha descubierto es cierto.

Con motivo de esta desconfianza también, los artículos son antes sometidos a un primer escrutinio en sus aspectos formales. Este suelen realizarlo los propios editores de las revistas. Si el artículo se asemeja al canon tal como lo entienden en su respectivo campo científico, entonces puede ser enviado a revisión externa. Los revisores serán a continuación los encargados de juzgar la solidez científica y la relevancia de las contribuciones. Desafortunadamente, la otra cara de la moneda es que en ocasiones es más fácil publicar artículos que reportan ciencia nefasta, incluso falsa [16], que artículos mal escritos con contribuciones pioneras. Esto ocurre porque los artículos «formalmente» correctos tienen muchas más posibilidades de pasar el filtro del editor. Si los revisores no son realmente expertos, el artículo podría colar y ser eventualmente publicado. No pasa con mucha frecuencia, pero pasa.

Fruto de esta realidad es por la que unos estudiantes del MIT decidieron a modo de broma crear un generador de artículos falsos [17]. El generador se llama SCIGen y escribe de forma automática artículos inventados en el área de ciencias de la computación. Lo hicieron porque la estructura de los artículos es relativamente rígida en muchos campos científicos. La popularidad que alcanzó este generador de artículos encierra otra lección: escribir correctamente un artículo es casi tan importante como las contribuciones del mismo. Esto fue precisamente lo que concluyó el trabajo de Cyril Labbé. Cyril era un científico en computación francés que generó un programa que rastreaba dónde se habían publicado artículos generados por SCIGen. En 2012 (y por aquel entonces SCIGen aún era poco conocido) su programa encontró más de ciento veinte artículos publicados en conferencias de Springer y IEEE [18]. SCIGen también generó muchos artículos que fueron aceptados en revistas depredadoras, incluso en algunas buenas revistas (*v.gr.* [19]). Eso sí, estos últimos han sido convenientemente retirados (que no retractados).

Pero estábamos hablando de las condiciones necesarias para que un investigador pueda publicar y de la necesidad de tener resiliencia a la crítica. Debes notar que no he dicho «resistencia», sino «resiliencia». El *Diccionario* de la Real Academia Española [20] define resiliencia como: «Capacidad de adaptación de un ser vivo frente a un agente perturbador o un estado o situación adversos». Cuando hablo de resiliencia, por tanto, me refiero a que vas a tener que aprender a encajar múltiples comentarios negativos sobre tus trabajos, aunque a veces sean injustos. También vas a tener que aprender de ellos, adaptarte y salir adelante con una versión mejorada de lo que hiciste en primer lugar.

La resiliencia entonces, supone un cambio actitudinal. Vas a tener que dominar tu ego cuando recibas críticas corrosivas que denigren tu trabajo. Esto nos ha pasado y nos sigue pasando a todos. Está claro que hay revisores buenos y revisores muy malos. Pero ambos son las mismas personas que leerán tu trabajo una vez publicado. Adaptarse (hasta cierto punto) a aquellos que pueden entender bien poco de lo que has escrito es con frecuencia la mejor estrategia en la fase de revisión.

Consideraciones finales (I): Tener algo que contar

Al proponer las tres condiciones hemos hablado de muchas cosas, pero hay muchas otras que he omitido. Ya te dije que no quería perder el tiempo mencionando lo obvio. Sin embargo, tal vez valga la pena constatar que no me he dejado nada importante por el camino. Este capítulo es el más personal de todos los de este libro. Lo he escrito prácticamente en primera persona porque te hablaba directamente a ti. Los siguientes capítulos serán algo distintos puesto que pasaremos a hablar de tu escritura y tu investigación, es decir, de tu trabajo.

La primera cosa obvia que hemos mencionado solo tangencialmente es que, para reportar ciencia, hay que tener antes algo que contar. Uno no se sienta y empieza a escribir un artículo sin haber realizado experimentación, un trabajo de campo o sin haber recopilado datos. No obstante, no le doy tanta importancia a esta fase previa por dos motivos principales. El primero es porque en esta fase inicial los investigadores inexpertos suelen contar con el apoyo de otros (p. ej., sus supervisores u otros coautores). En esta fase el investigador tiene una sensación menor de encontrarse perdido. En realidad esto es una ilusión, porque las fases tempranas de la investigación condicionan enormemente la calidad y utilidad de los resultados posteriores. No obstante, incluso cuando los investigadores se sienten perdidos, asumen que es su deber seguir probando hasta reubicarse. De alguna manera, parece que tenemos más asumido que las fases iniciales de la investigación implican bastantes dosis de prueba y error.

El segundo motivo por el que no he mencionado la importancia de tener algo que contar es porque, cuando detectamos errores en la experimentación al escribir el artículo, deberemos ser capaces de volver atrás y corregirlos. Es decir, cuando aprendas a escribir bien, serás capaz de encontrar los puntos débiles de tu investigación durante su ejecución. Entonces solo tendrás que volver a la experimentación, corregirla, ampliarla o rediseñarla. Esto puede ser oneroso, pero cuanta más experiencia tengas al escribir, mayor capacidad de anticipación tendrás. Es decir, con el tiempo operarás con anticipación desde el principio y diseñarás todo con las miras puestas en su eventual publicación. Esto te ahorrará no solo mucho tiempo, sino que te permitirá generar fácilmente muchas otras ideas con las que seguir publicando.

Consideraciones finales (II): Ontología y Epistemología

Antes de finalizar este capítulo me gustaría incluir un comentario sobre algo que suele causar confusión, especialmente a estudiantes hispanohablantes que cursan su doctorado en el extranjero. No es un aspecto puramente personal, pero te evitará parecer un ignorante cuando hables con otros angloparlantes sobre tu investigación. Debes tener en cuenta que las instituciones de primer nivel a veces otorgan mucho peso formal a dos cosas llamadas «ontología» y «epistemología». La ontología se preocupa del estudio de los seres o cosas que existen. La epistemología comprende la teoría de los fundamentos y métodos del conocimiento científico.

Es probable que estas definiciones las olvides y por eso te voy a dar otras más sencillas. Sé que no son totalmente correctas, pero al menos tendrás alguna posibilidad de recordarlas cuando alguien te pregunte acerca de ellas. Simplificando enormemente, la ontología es el estudio de lo que hay, de lo que existe. La epistemología estudia cómo conocemos y llegamos a comprender lo que existe.

En la ontología existen dos paradigmas principales: el positivismo y el interpretativismo. Estas son dos formas de entender la realidad, por eso también las llamamos epistemologías [21]. El positivismo intenta encontrar leyes generales o universales basándose en la observación. Esto quiere decir que se intenta encontrar las relaciones causa-efecto y los posibles vínculos entre los elementos estudiados. La investigación en ciencias e ingenierías es casi toda positivista. La estadística es una de las disciplinas más utilizadas en el enfoque positivista porque permite describir cómo se comportan los elementos y cómo se afectan los unos a los otros. En el positivismo entonces, los elementos existen al margen del que los estudia (nosotros), por eso se le llama también «objetivismo».

El interpretativismo, por otro lado, es mucho más común en estudios sociales y/o cualitativos. El interpretativismo intenta conocer el significado y las razones por las que los elementos analizados se comportan de una manera determinada. Por ejemplo, cuando se estudia un fenómeno social, se podría abordar su análisis a través de cómo se comporta el grupo de individuos en su conjunto y cómo influencia otros sistemas (enfoque positivista). También se podría interrogar a los individuos acerca de por qué se comportan de esa manera y cómo podrían comportarse de manera diferente (enfoque interpretativista). Cada epistemología puede estudiar el mismo fenómeno a distintos niveles. Por tanto, ambas epistemologías son complementarias.

¿Por qué te he contado todo esto? Sencillo. Con el tiempo alguien te acabará preguntando sobre la ontología de tu investigación o sobre tu modelo ontológico. Seguramente, lo que esa persona querrá saber es si tienen sentido los elementos que has escogido (ontología) y cómo los estás analizando (epistemología). Seguramente también, cuando te pregunte, lo que querrá evaluar es si tus elementos y métodos de análisis están correctamente alineados con tu *Research question* (lo que quieres averiguar). A este respecto es común ver cómo muchos investigadores noveles recurren a encuestas para intentar entender un fenómeno o situación. A veces, preguntar a personas no es lo más adecuado. Esto ocurre porque esas personas podrían saber incluso menos que tú, y preguntar a más personas no va a cambiar eso. En esa situación, tendrías un problema con la ontología de tu investigación. Te habrías equivocado al elegir los elementos que vas a analizar.

El error también podría venir de los métodos que estás aplicando. Siguiendo con el mismo ejemplo, a lo mejor analizar determinado grupo social sí es pertinente para entender un fenómeno. No obstante, tal vez lo mejor no sea emplear un cuestionario, sino medir otro tipo de variables relativas a su conducta. En este caso, habría un problema con tu enfoque epistemológico. Es decir, el método de análisis podría no ser el correcto.

En resumen, cuando alguien te pregunte sobre ontología o epistemología, lo que probablemente quiera saber es si tus elementos y métodos de análisis pueden realmente darte a conocer lo que quieres saber. Errores de desalineación entre estos aspectos son críticos y no pueden solucionarse con una escritura brillante. El diseño de la investigación sería inadecuado y habría que comenzar desde el principio. Esta es la peor situación en la que puedes encontrarte antes de empezar a escribir y es, de hecho, causa de rechazo frecuente en muchas revistas [22]. Precisamente por esto te hemos llamado la atención sobre ello antes de enseñarte a escribir.

BLOQUE II:
COMUNICANDO INVESTIGACIÓN

2. Microestructura:
Lenguaje y escritura académica

De vez en cuando releo los primeros artículos que escribí. Aquellos artículos fueron rechazados en innumerables ocasiones. Cuando finalmente eran aceptados, habían pasado tres o cuatro rondas de revisión. La cantidad de tiempo invertido en ellos fue abismal. Lo peor, sin embargo, fue la sensación de desorientación y de no entender qué hacía mal. A pesar de intentar solucionar los comentarios de los revisores con gran esmero, mis cambios nunca parecían satisfacerles.

En el momento de escribir este libro han pasado diez años desde que publiqué mi primer artículo. He escrito bastantes más por el camino y revisado cientos de ellos. Cuando vuelvo a repasar mis primeros trabajos, ahora sí detecto muchos de sus problemas. Los veo como carteles de neón. Esos mismos problemas los he visto repetidos cientos de veces en los trabajos de otros.

Los problemas que habitualmente conducen al rechazo de un artículo por parte de editores o revisores suelen encontrarse a tres niveles. En este libro los he clasificado en lo que he llamado «microestructura», «mesoestructura» y «macroestructura». La microestructura se centra en la escritura, en cómo expresamos cada una de las ideas de nuestra investigación. La mesoestructura se ocupa de las tablas y las figuras, los hitos mayores de nuestro hilo argumental. Estos deben sintetizar, explicar, incluso convencer de que los resultados merecen ser publicados. La macroestructura se centra en la distribución lógica de los contenidos, es decir, en qué debe contarse (y qué no) en cada sección de un artículo.

Comprender estos tres niveles es esencial para escribir buenos artículos. Cuando un artículo tiene problemas serios en uno o varios de estos niveles es muy probable que no pase el filtro del editor. Si tiene problemas y aun así el editor lo envía a revisores, no significa necesariamente que estos vayan a explicarte qué problemas tiene tu artículo. Muchos revisores no son lo suficientemente articulados o no tienen la suficiente experiencia como para entender lo que está realmente mal. Los revisores que sí son capaces, es probable que no dispongan del tiempo para detallártelo en su revisión. Al fin y al cabo, no tienen ninguna obligación contractual contigo ni con la revista que les ha pedido opinión. Hacen su trabajo gratis y no tienen ganas de «perder» excesivo tiempo. Cuando un revisor tiene que esforzarse demasiado en describir por qué no debe aceptarse un artículo, lo más probable es que no tenga ganas de hacerlo. Buscará algunos errores evidentes, dejará de leer anticipadamente y escribirá un reporte relativamente breve. Será difícil que entiendas qué es lo que realmente hiciste mal solo leyendo ese reporte. Pero así es el juego. El tiempo de las personas es finito y es nuestra obligación venir enseñados de casa.

El propósito de este libro es intentar que cometas los mínimos errores cuando escribas tus primeros artículos. Cometerás algunos, por supuesto, y también te rechazarán muchos artículos. Con tasas de rechazo que superan el 90 % en revistas con cierta reputación esto es prácticamente inevitable, incluso para investigadores experimentados. Esto también es parte del juego. Lo que sí puedo prometerte es que cuanto mejor escritos estén tus artículos, las probabilidades de publicarlos crecerán exponencialmente. Por eso, en este capítulo partimos de la unidad más pequeña de cualquier texto: la escritura y el lenguaje.

Las palabras, las frases y los párrafos son los átomos, moléculas y compuestos de un artículo. Si tienen problemas, estos aflorarán y contaminarán el conjunto. Por suerte, las reglas para escribir no son muchas, ni tampoco complicadas. Requieren práctica, eso sí, pero una vez las conozcas, te permitirán encontrar tu voz y tu estilo.

Vamos allá entonces. Ten los ojos y la mente abierta. Muchos de los principios de este capítulo podrían entrar en conflicto con lo que creías saber sobre cómo se escribe. De hecho, es muy probable que vayan en sentido diametralmente opuesto. Como te dije, a veces hay que desaprender antes de poder aprender.

Regla n.º 1
Piensa antes de escribir. Los estilos argumentativos

Esta primera regla es fácil de entender. Uno debe pensar lo que quiere decir antes de escribirlo, no al revés. Tal vez me dirás que casi todo el mundo hace eso. Lo siento, no lo creo. De hecho, casi todo el mundo hace justo lo contrario: piensa a medida que escribe. Es más, mucha gente no considera que necesite volver atrás y revisar lo ya escrito. Esto lleva

38

a una escritura realmente insufrible, a conectar ideas de forma desordenada y a escribir con frases muy largas. Es probable que no lo percibas aún, pero con el tiempo, observarás cómo abunda la mala escritura a tu alrededor.

Entonces, ¿cuándo debo detenerme y pensar antes de continuar escribiendo? No hay reglas fijas, pero en mi opinión, al menos antes de cada párrafo. Esto es así porque un párrafo debe transmitir un trozo de un argumento o un argumento completo. Antes de comenzarlo hay que pensar qué es lo que quieres decir y cómo lo vas a defender. Solo de esta manera cada párrafo transmitirá una idea completa, un concepto autocontenido.

Hacer pequeñas pausas antes del comienzo de cada párrafo tiene además dos beneficios indirectos. Primero, decides qué es lo que no vas a contar en ese párrafo, es decir, qué se guarda para después. Segundo, decides en qué orden vas a contar lo que sí quieres contar. No necesitas tener una imagen perfectamente formada de todo lo que vas a decir antes de empezar un párrafo. De hecho, a medida que escribes, lo más probable es que corrijas, matices, borres o reordenes lo que vas escribiendo. No obstante, la frase de apertura de cada párrafo sí es importante. Si la eliges bien, el resto del párrafo fluirá casi por sí solo.

Entonces, la cuestión es cómo elegir esa primera frase de cada párrafo. Para hacerlo debemos saber qué estilo argumentativo estamos utilizando. Existen principalmente dos estilos: Discutir-Concluir *(Argue-Conclude)* y Afirmar-Justificar *(Assert-Justify)* [23].

El estilo Discutir-Concluir es el que gran parte de la gente y los académicos utiliza, aunque generalmente con poco acierto. Cuando un texto está escrito en este estilo, el escritor va presentando los argumentos o ideas uno tras otro. Al final de cada sección, el escritor concluye o deriva algo relevante a partir de toda la información presentada con anterioridad. Muchos investigadores utilizan este estilo porque es el más accesible para el escritor inexperto. Con él puedes presentarle al lector toda la información que desees, procesada o sin procesar, ordenada o no. Puedes hacerlo sin cortapisas porque le estás transfiriendo al lector la responsabilidad de extraer lo que es relevante de cada párrafo. Solo al final del todo y solo si el lector se mantiene muy atento, este tendrá la recompensa de entender por qué le habías contado todo lo anterior.

Por tanto, el problema del estilo Discutir-Concluir es que generalmente solo funciona con lectores muy comprometidos. Estos deben estar dispuestos a releer partes del texto para no perderse o cuando han olvidado algo importante. Es así porque con este estilo el lector no sabe hacia dónde se dirige. No sabe a dónde querrás llevarlo hasta que haya terminado de leer. Por el mismo motivo, solo al final el lector podrá evaluar si todo lo que le has contado tenía sentido y era coherente. Los revisores de artículos y evaluadores de proyectos de investigación no entran en esta categoría. Por tanto, generalmente es muy mala estrategia intentar escribir tus artículos y propuestas en modo Discutir-Concluir.

El estilo Afirmar-Justificar, por el contrario, es mucho más exigente para el escritor ya que éste debe de esforzarse bastante más en transmitir sus ideas. A cambio, es mucho más fácil para el lector entender sus argumentos. Este estilo consiste básicamente en empezar casi todos los párrafos con el mensaje o idea principal que quieres transmitir. Después se dedica el resto del párrafo a convencer al lector de que lo que has dicho al comenzar el párrafo es verdad. Por eso, el estilo Afirmar-Justificar suele denominarse informalmente «Primero díselo, luego convénceles» (*Tell them, then convince them*).

Antes de continuar, voy a presentarte algunos ejemplos. Si no te has percatado ya, prácticamente todo este libro está escrito en Afirmar-Justificar. Puedes revisar las primeras frases de cada uno de los párrafos de esta sección. Te bastarán unos pocos para darte cuenta de que los mensajes principales están colocados justo al principio. El resto del párrafo simplemente refuerza, defiende o explica la frase o tesis inicial. De esta forma, aunque solo leas los comienzos de cada párrafo, no perderás el hilo argumental.

Déjame darte otro ejemplo, no sin antes darte un aviso. En muchos libros he visto cómo se proporcionan fragmentos de artículos para ilustrar la forma correcta de escribir. El problema de recurrir a textos científicos es que cuando la temática es algo especializada, los lectores no pertenecientes a esa área se sienten excluidos. En este libro intentaré recurrir casi siempre a textos generales para ilustrar los puntos principales. Por ello el siguiente texto ilustra el estilo Afirmar-Justificar utilizando un sencillo texto. Se trata de un fragmento de la descripción de un curso que impartí sobre escritura académica. Fíjate en las primeras frases de cada párrafo:

Escribir artículos y proyectos científicos es difícil. Hacerlo supone un esfuerzo y reto intelectual considerables. Sin embargo, una mayoría de artículos y propuestas de investigación son eventualmente rechazados. A esta frustración se le suele sumar la crítica (negativa) por parte de revisores y evaluadores que parecen no entender lo que el investigador proponía.

Por este proceso de frustración reiterada pasan, o han pasado, muchos investigadores. No obstante, generalmente no hay otra alternativa más que seguir intentándolo o rendirse. En el primer caso es probable que se vuelvan a cometer parte de los errores que condujeron al rechazo. En el mejor de los casos, aun cuando hayamos aprendido de los errores, la siguiente oportunidad requerirá una nueva espera (normalmente de meses). En caso de tirar la toalla, es probable que estemos renunciando a una promoción o acreditación académica, y que nuestras condiciones económicas y laborales se vean afectadas.

La escritura científica implica la adquisición de una serie de habilidades para las que la mayoría de académicos no han sido entrenados. La escasa bibliografía y cursos hacen que el investigador novel tenga que aprender a escribir artículos por medio de sucesivos ciclos de prueba y error. En muchas ocasiones también, los propios supervisores o mentores, o bien no existen, o bien no disponen del tiempo o conocimiento para transmitir estas habilidades al investigador. Sin embargo, la presión por publicar y ganar proyectos no desaparece...

Fácil de leer, ¿verdad? Ahora que ya sabes cómo funciona este estilo, el resto es cuestión de práctica. Por tanto, cuando escribas un texto, utiliza preferentemente el estilo Afirmar-Justificar. Además, este tiene otras ventajas:

— Te permite comunicarte más efectivamente con lectores aburridos, cansados, perezosos o excesivamente rápidos.
— Le permite a lectores diligentes, como revisores, examinar tus argumentos en mayor detalle.
— También le permite a los miembros de un comité científico evaluador, que presentará tu propuesta al grupo que la financiará (o no), entenderla y sintetizarla mucho mejor.
— Te permite escribir frases más cortas, párrafos más concisos, mejores introducciones y resúmenes más precisos.

Y una última ventaja: escribir en estilo Afirmar-Justificar te fuerza automáticamente a detenerte antes de comenzar cada párrafo. Al utilizarlo adoptarás forzosamente la otra buena costumbre que te describía al principio de esta sección: pensar antes de escribir. Y ahora que ya estás concienciado, déjame que te muestre lo devastador que pueden ser los efectos del otro estilo (Discutir-Concluir).

El siguiente ejemplo está tomado de un periódico. Te propongo un reto. Quiero que leas detenidamente el siguiente fragmento de texto. Se trata de un artículo titulado: «Infraestructuras. No hay dinero para todo». Fue publicado en 2019 en el periódico *Las Provincias* de Valencia [24]. El reto consiste en que deberás responder a una simple pregunta al terminar la lectura. Si lo has entendido, debería ser fácil. Ahí va el texto.

El Ministerio de Fomento en los últimos días de legislatura ha promovido una Ley de Movilidad para blindar los planes de infraestructuras del transporte, donde se mejore la planificación e inversión de servicios e infraestructuras de una manera más eficiente. [...]

Como hemos expresado en anteriores artículos, los servicios e infraestructuras desarrollan un papel capital en la competitividad y la calidad económica, social y ambiental de un territorio, porque facilitan poder ofrecer a sus habitantes las mejores condiciones de oportunidad y calidad de vida.

Además, el aumento de la demanda de transporte, el cambio climático, la innovación y la digitalización, y la mejora en la planificación y la eficiencia de las inversiones en infraestructuras, con unos recursos públicos limitados, hace cada vez más imprescindible seleccionar las inversiones más productivas, sostenibles (medioambientalmente, en coste, tiempo y calidad) y socialmente beneficiosas con criterios objetivos y transparentes, empleando metodologías que evalúen y garanticen inversiones eficientes.

Las Administraciones Autonómicas no pueden quedarse al margen de esta realidad y deberían establecer una estructura de evaluación independiente de los órganos gestores de las inversiones. Su composición debería ser mixta público-privada y su función sería llevar a cabo el proceso de mejora de la eficiencia y con ello, el cambio de modelo de gestión de los servicios e infraestructuras. Si no hay dinero para mantener las infraestructuras existentes, ¿es posible seguir construyendo las futuras?

Esta estructura debería apoyar a aquellas administraciones estatales responsables de «evaluar y analizar» la inversión en infraestructuras, actuando como elemento de conexión entre la sociedad y los equipos técnicos; marcar las pautas y objetivos de las políticas de infraestructuras; asesorar sobre los criterios de análisis y evaluación de la gestión de las infraestructuras; establecer las prioridades de programas y proyectos para seleccionar las inversiones más productivas, sostenibles (medioambientalmente, en el tiempo, coste, calidad, mantenimiento, conservación y explotación) y socialmente beneficiosas al conjunto de la sociedad; poner en marcha mecanismos de participación ciudadana; realizar el análisis de la planificación para asegurar la neutralidad de los elementos básicos de cualquier plan o proyecto y evaluar las políticas de infraestructuras y calidad de los servicios, estableciendo una hoja de ruta en el tiempo de infraestructuras prioritarias, asegurándose que lo que se mide se haga.

La nueva Ley de Contratos del Sector Público ya habla de nuevas gobernanzas como la Oficina Independiente de Regulación y Supervisión de la Contratación (da instrucciones sobre la contratación, analiza la sostenibilidad de las obras y servicios) absorbiendo la Oficina Nacional de Evaluación que es la que analiza la sostenibilidad financiera de los contratos de concesiones de obras y de contratos de concesión de servicios. [...]

Por tanto, la estructura territorial que planteamos velaría junto con las nuevas oficinas de seguimiento financiero y técnico estatales, y ante la escasez de recursos públicos, por el desarrollo dentro del conjunto estatal, de la hoja de ruta de servicios e infraestructuras prioritarias regionales.

Importante y necesaria, es la cooperación territorial y la concertación interadministrativa entre los poderes públicos, estatales, autonómicos y locales que deben colaborar conjuntamente en el diseño, la evaluación y la financiación de los servicios e infraestructuras, dando nombre y apellido, al responsable de su desarrollo. Las visiones globales y compartidas tienen la ventaja de encontrar menos obstáculos durante el camino, duran más y son menos vulnerables a los cambios de ciclo político que tanto daño hace, lo cual proporciona mayor eficiencia en las inversiones.

Para incrementar la eficiencia de la inversión pública se debería elevar la calidad del proceso y seguimiento de la inversión, teniendo en cuenta la planificación a medio y largo plazo (plazos que cada vez son más cortos en la vida real/privada pero que se ven aumentados en los procesos de contratación de la administración pública), el diseño, la evaluación, selección y ejecución de los proyectos, diseño de los contratos, modelos de financiación, etc.

Mientras no se impriman billetes, con los que hay, habrá que gestionar más eficientemente las inversiones en servicios e infraestructura. No hay dinero para todo.

He recortado algunas partes del artículo. Estas partes, sin embargo, apenas alteran la historia. El título del artículo era «Infraestructuras. No hay dinero para todo». La pregunta es: ¿cómo hemos llegado a esa conclusión?. Es decir, ¿qué argumentos se han utilizado para soportar que no hay dinero para construir y/o mantener todas las infraestructuras?

(Piénsalo brevemente antes de continuar, por favor).

¿Has tenido problemas para responder a esta pregunta? Probablemente sí. Este texto tiene problemas a varios niveles. Los dos principales son el uso inadecuado del estilo Discutir-Concluir y el empleo de frases muy largas. Sobre lo segundo hablaremos luego. Acerca del estilo argumentativo, nótese que por el mero hecho de conocer el título del artículo, el lector ya debería saber de qué quería convencerle el escritor. Aun así, al lector le cuesta mucho trabajo seguir la argumentación. Esto mismo ocurrirá si se escribe de forma similar un artículo científico, cuya extensión suele ser mucho mayor.

Por tanto, el empleo inadecuado de los estilos argumentativos hace que los revisores tengan que gastar mucha energía para leer tu artículo. Les obliga a mantenerse altamente concentrados, además de forzarles a releer múltiples pasajes para no perderse. Como dice Ken Follett, «si el lector debe leer dos veces tus frases para entender lo que has dicho, es que has fallado miserablemente» [25]. Por ello, la mayoría de revisores tirarán la toalla mucho antes de terminar tu artículo y lo criticarán duramente porque, en realidad, no te entenderán.

Regla n.º 2
Omite palabras innecesarias

Si hay una regla que se repite en prácticamente todos los libros que enseñan a escribir es precisamente esta: «Omitir las palabras innecesarias». Este principio fue propuesto originalmente por William Strunk Jr en su regla n.º 5 de *The elements of style* [26]. Ese libro lo escribió en 1935 y su primera edición constaba de apenas treinta y dos páginas. Fue un auténtico prodigio de brevedad y concisión para su época. Gracias a él han dado sus primeros pasos en la escritura millones de personas. Concretamente, la regla n.º 5 decía: «Omite palabras innecesarias. La escritura vigorosa es concisa. Una frase no debe contener palabras innecesarias, ni un párrafo frases innecesarias; por la misma razón que un dibujo no debe tener líneas innecesarias, ni una máquina piezas innecesarias. Esto no implica que el escritor únicamente emplee frases cortas, o que evite los detalles y trate sus temas superficialmente, sino que cada palabra cuente».

Esta misma filosofía a la hora de escribir la han prodigado muchos otros escritores reconocidos. Por ejemplo, se atribuye a Mark Twain haber dicho: «Habría escrito una carta breve, pero no tenía el tiempo». Esta afirmación puede resultar contradictoria para el escritor inexperto. Para el escritor experimentado tiene mucho sentido: escribir de forma sintética y precisa requiere mucho más esfuerzo y tiempo que simplemente decir lo primero que se te ocurre. Esto es precisamente lo que comentamos en la sección anterior.

Es el momento de hablar de las tres unidades fundamentales del texto: las palabras, oraciones y párrafos. Seguiré este mismo orden añadiendo algunas explicaciones e ilustrándolas con ejemplos.

Las *palabras* hay que elegirlas con cuidado para que digan exactamente lo que quieres decir y no cualquier otra cosa. Los hispanohablantes tenemos algunos malos hábitos al respecto. Tenemos cierta tendencia a utilizar palabras que «suenan» bien, pero que son ambiguas o añaden florituras innecesarias. Para evitar esto, lo mejor es emplear palabras y estructuras lo más sencillas posible. Estos son algunos ejemplos de palabras y frases vacías que es mejor evitar. Las frases han sido tomadas de otro curso de escritura científica [27]:

Frase vacía	**Equivalente**
Debido al hecho de	*Porque*
Como consecuencia de	*Porque*
En vista del hecho	*Por tanto*
Tienen un efecto en	*Afectan*
Causan un cambio en	*Cambian, alteran*
Representa	*Es*
En mayor abundancia	*Más*
Tienen la capacidad de	*Puede*
Si las condiciones son tales que	*Si*
Merece la pena destacar que	*Nótese que*
Podría, sin embargo, indicarse que	*Pero*
Con el propósito de	*Para*
En el futuro cercano	*Pronto*

Existen infinitos ejemplos, pero estoy seguro de que ya lo has entendido. En lo que se refiere a las palabras, cuantas menos y más sencillas, mejor.

La *oración* es una palabra o conjunto de palabras con autonomía sintáctica. Esto quiere decir que una oración es una unidad con sentido propio. Una oración siempre tiene un verbo y si está formada por una sola palabra, tiene que ser eso: un verbo. La única excepción a esta regla es cuando la oración está formada por una interjección (*¡Viva!, ¡Ay!*). En los demás casos, en ausencia de verbo, no puede haber oración. Esto es un error que repiten con cierta frecuencia los escritores inexpertos.

Como ocurría también con las palabras, las oraciones deben ser significativas y lo más breves posible. Obviamente, todas las frases en un texto no pueden, ni deben, ser cortas. Es bueno que exista variedad en su longitud. Lo que sí debe evitarse es el uso de frases excesivamente largas. Frases largas en español suelen ser aquellas con más de veinte palabras. Ocasionalmente puede haber alguna que exceda esta longitud, pero solo si su estructura gramatical es simple. Si no lo es, es mejor trocearla en ideas (oraciones) más breves y separarlas con punto y seguido (¡no por comas!).

Déjame que te ilustre lo que te he contado sobre cómo escribir con oraciones sencillas. Los siguientes ejemplos han sido traducidos del libro *How to Write and Publish Papers in the Medical Sciences*, de Edward J. Huth [28]. Ambos ejemplos ilustran perfectamente cómo se pueden escribir oraciones complicadas o sencillas diciendo exactamente lo mismo.

Ejemplo 1: *Tras una cuidadosa consideración de las evidencias precedentes, nos resulta aparente que, entre todos los antibióticos tratados, la penicilina es la que debería ser elegida para el tratamiento de infecciones causadas por estreptococos.*

Alternativa 1ª: *Concluimos que la penicilina es el mejor antibiótico para el tratamiento de infecciones por estreptococos.*

Alternativa 2ª: *Concluimos que las infecciones por estreptococos se tratan mejor con penicilina.*

Ejemplo 2: *Las personas con edad entre cinco y catorce años tienen una probabilidad muy superior de tener infecciones agudas de Hepatitis A comparados con aquellos que son mayores de catorce años o menores de cuatro.*

Alternativa: *Las infecciones agudas por Hepatitis A son más comunes en niños de entre cinco y catorce años.*

Al leer las frases alternativas de los dos ejemplos, el escritor no debe llevarse a engaño. Escribir las alternativas no es más sencillo que escribir las frases originales, justo lo contrario. Escribir de forma clara y sencilla requiere un esfuerzo consciente y pensar antes de escribir. Solo poniéndonos en la piel del lector y simplificando conseguiremos que se nos entienda mejor.

Terminemos con la unidad mayor de un texto: los *párrafos*. Los párrafos se definen como fragmentos de texto con la misma unidad temática. Seguro que ya sabes que los párrafos están separados por puntos y aparte. El aspecto esencial cuando separes tus argumentos en párrafos es que cada uno debe tratar un solo tema. Si hay varios temas, es mejor utilizar varios párrafos.

Los párrafos deben ser sintéticos. Ten en cuenta que cada vez que el lector llega a un punto y seguido, de alguna manera, graba lo que ha leído en la oración precedente. Si las frases son muy largas o si hay una cantidad excesiva de frases en un párrafo, el lector comienza a perder información.

En cuanto al número de oraciones por párrafo, los hay que pueden contener una sola oración, aunque esto es bastante inusual. La única excepción es cuando esa única oración sirve para presentar algún elemento significativo del artículo (ecuación, tabla o figura). Por el contrario, los párrafos también pueden contener muchas oraciones, pero no es aconsejable que un párrafo ocupe más de una página. Si esto ocurre, es probable que el lector empiece a olvidar parte del hilo argumental general. Por esto, en mi opinión, la mayoría de los párrafos deben contener entre tres y seis oraciones. En cualquier caso, lo principal es que las oraciones del párrafo siempre soporten, expliquen o detallen la tesis inicial, es decir, que defiendan la oración que abrió el párrafo.

Como ejemplo de uso adecuado de párrafos te invito a leer el comienzo del libro *Harry Potter y la piedra filosofal*, de J.K. Rowling [29]. La temática puede gustarte o no, pero la escritura es clara y sencilla. Observa cómo los párrafos compartimentan los temas de forma muy efectiva:

> *El señor y la señora Dursley vivían en el número 4 de Privet Drive.*
> *Estaban orgullosos de decir que eran muy normales, afortunadamente. Eran*
> *las últimas personas que esperarías encontrar metidas en algo extraño o mis-*
> *terioso. Ellos no estaban para semejantes tonterías.*
>
> *El señor Dursley era el director de una empresa llamada Grunnings, que*
> *fabricaba taladros. Era un hombre corpulento y rollizo, casi sin cuello, aunque*
> *con un bigote inmenso. La señora Dursley era delgada, rubia y tenía un cuello*
> *casi el doble de largo de lo habitual. Esto le resultaba muy útil ya que pasaba*
> *la mayor parte del tiempo estirándolo por encima de la valla de los jardines*
> *espiando a sus vecinos. Los Dursley tenían un hijo pequeño llamado Dudley,*
> *y para ellos no había un niño mejor.*
>
> *Los Dursley tenían todo lo que querían, pero también tenían un secreto,*
> *y su mayor temor era que alguien lo descubriese: no habrían soportado que se*
> *supiera lo de los Potter…*

Podría darte otros muchos ejemplos también, pero estoy seguro de que también lo has entendido. No necesito extenderme más.

Regla n.º 3
La belleza está en la historia, no en la escritura

En su libro *On writing: a memoir of the craft* [2], Stephen King dijo que «la escritura es pensamiento refinado». También dijo que «cuando escribes una historia, te la estás contando a ti mismo. Cuando la reescribes, tu trabajo es eliminar todas las cosas que no son la historia».

La primera de las dos citas conecta plenamente con lo dicho en las dos reglas previas: pensar antes de escribir y omitir palabras innecesarias. La segunda cita incide en que tu escritura solo debe hablar de lo que querías contar, y de nada más. Esto forma parte del proceso de edición posterior, también llamado por algunos «reescritura».

En esta afirmación está implícito que la probabilidad de que un texto esté casi listo justo al terminarlo de escribir por primera vez es casi nula. Aun contando con gran experiencia, el primer borrador de un texto es simplemente eso: un borrador. Seguramente contendrá oraciones que se podrán condensar, algunas se deberán eliminar, otras requerirán pequeños ajustes (p. ej., reordenar sus elementos, eliminar adverbios o conectores, cambiar la voz pasiva por activa, etc.). Todos estos aspectos son impurezas que aunque no las percibas al principio, generan ruido al lector. Cuanto más ruido tenga un texto, más esfuerzo debe hacer este para entenderlo y menos lo disfruta. Un pequeño error es irrelevante, pero siempre —sí, siempre— cometerás varios. El proceso de pulir la escritura no tiene fin. Precisamente por eso Stephen King dice: «Escribir es humano. Editar es divino».

Cuenta King también que, cuando era joven, trabajó como reportero en la sección de deportes de un pequeño periódico local. Por aquel entonces ya tenía cierta experiencia escribiendo, pero no fue hasta que su supervisor editó uno de sus artículos cuando realmente aprendió el oficio de escribir. King comenta que ese supervisor hizo unos comentarios similares a los mostrados en el siguiente ejemplo. Este ha sido extraído y traducido de su libro *On writing: a memoir of the craft* [2] con algunas modificaciones menores:

> *Anoche, en el ~~conocido~~ gimnasio de la escuela secundaria Lisbon, tanto los seguidores de los partisanos como de los Jay Hills quedaron estupefactos por una exhibición atlética nunca vista ~~hasta el momento~~ en la historia del colegio. Bob Ransom, ~~conocido como «Bala Bob» tanto por su tamaño como por su precisión~~, marcó 37 puntos. Sí, me has escuchado bien. Además, lo hizo con gracia, velocidad… y con una extraña cortesía cometiendo únicamente dos faltas personales en su cruzada personal por alcanzar un récord que ha eludido a los camaradas [reemplazar por «jugadores»] del Lisbon desde ~~el año en el que Korea~~ [reemplazar por «1953»]…*

Aunque aún quedan algunas frases un poco largas, este texto ejemplifica perfectamente un proceso habitual de edición. Se han eliminado adjetivos innecesarios (*conocido, personal*), adverbios innecesarios (*hasta el momento, Además*), frases subordinadas que hacen la oración innecesariamente larga y compleja (*conocido como «Bala Bob» tanto por…*), se han cambiado palabras que no son del todo afines al contexto (*camaradas*), y finalmente, se ha hecho el texto más inclusivo para aquellos que no son seguidores del baloncesto (decir *1953* en lugar de *el año en el que Korea…*). En resumen, se ha eliminado lo que no era parte de la historia.

Sin embargo, el proceso de edición no es exclusivo de escritores de novelas, aplica igualmente a los investigadores. Bodil Holst, en su libro *Scientific paper writing: a survival guide* [30], avisa que cuando te alejas seis semanas de un texto que has escrito, experimentas una curiosa sensación. Sientes como si ese texto lo hubiese escrito tu alma gemela, reconoces tu estilo, pero no eres capaz de atribuírtelo. Al mismo tiempo te saltan a la cara una gran cantidad de imperfecciones, cosas que no viste —no puedes explicar cómo— cuando lo escribiste.

En la vida real es probable que no dispongas de seis semanas para separarte de un texto y volver a él. Sin embargo, basta dejar pasar una semana para que puedas experimentar gran parte de ese efecto combinado de desapego y asombro. Esto ocurre porque cuando escribes tienes mucha más información en la cabeza de la que vuelcas en el papel. Para ti es fácil rellenar los huecos de la historia, pero para el lector es imposible. Además, aunque en ocasiones tus frases estén algo desordenadas, tu cerebro tampoco lo percibe fácilmente. Debes aprender a despegarte de lo que has escrito y la única manera es editarlo, no solo al poco de haberlo escrito (que también), sino algunos días después.

No me gustaría finalizar esta sección sin hablar de una aparente contradicción. Muchos de nosotros creemos, tal vez porque nadie nos dijo lo contrario, que escribir con frases largas y con amplio vocabulario es sinónimo de cultura. Bien, poseer un amplio vocabulario es deseable, pero lo que demuestra cultura es emplearlo bien. Utilizar frases cortas, como ya te habrá quedado claro, denota un pensamiento afilado. Escribir con claridad significa que el escritor ha realizado un buen trabajo haciendo sus argumentos evidentes. Esto es lo que Ken Follett también llama «prosa transparente» [25]. Como decía al principio de esta sección, la belleza no está en la escritura, sino en la historia que tienes que contar. Cuanto menos consciente sea el lector de que está leyendo un texto, mejor habrás hecho tu trabajo.

Por tanto, erradiquemos una fantasía: nadie se va a enamorar de tu escritura. Puedes aspirar a que a la gente le guste lo que cuentas, y a que, incluso, le guste cómo lo cuentas. Pero cómo lo cuentas se consigue al tratar la escritura como lo que es: un medio, no un fin. La única forma de conseguir que la escritura sea un medio efectivo es que genere el menor ruido posible, que el lector apenas perciba que está leyendo. Escribe con sencillez, brevedad y con orden. Pónselo realmente fácil a los demás, y ellos te lo pondrán más fácil a ti cuando revisen tus artículos.

Reglas avanzadas para escritores con experiencia

Una vez domines las tres reglas de la escritura, tendrás gran parte del camino hecho. Sin embargo, el proceso de aprendizaje no termina nunca. En esta sección quiero añadir otras reglas de buena práctica que harán tu escritura un poco más fluida. No te obsesiones con ellas al principio, pero a medida que aprendas, es probable que lleguen a parecerte tan importantes como las tres anteriores.

Evita el uso excesivo de adjetivos y adverbios

Los adjetivos son las palabras que describen a los sustantivos (p. ej., *feliz, rápido*). Los adverbios son las palabras que modifican al verbo (p. ej., *felizmente, rápidamente*), es decir, matizan cómo o cuándo ocurrió la acción. Muchos de ellos acaban en *-mente*, y muchos de ellos también suelen utilizarse como conectores (p. ej., *entonces, primero, finalmente*).

Cuando utilizamos adjetivos y adverbios estamos forzando al lector a que se haga una idea más exacta de cómo o cuándo ocurrió una acción. *A priori*, esto puede parecer deseable en textos científicos. Sin embargo, con frecuencia no lo es. Los adjetivos y adverbios son palabras que interrumpen muy fácilmente el discurso y que generan bastante ruido. Además, no hay nada más frustrante para un lector que a este se le diga exactamente cómo debe imaginar algo. Para apreciar lo nocivo que puede llegar a ser la presencia excesiva de adjetivos y adverbios he incluido un ejemplo tomado de la famosa novela *Crepúsculo*, de Stephenie Meyer [31]. Observa este diálogo:

> *—¿Conoces a Bella, Jacob? —preguntó Lauren desde el otro lado del fuego con un tono que yo imaginé como insolente.*
>
> *—En cierto modo, hemos sabido el uno del otro desde que nací —contestó entre risas, y volvió a sonreírme.*
>
> *—¡Qué bien!*
>
> *No parecía que fuera eso lo que pensara, y entrecerró sus pálidos ojos de besugo.*
>
> *—Bella —me llamó de nuevo mientras estudiaba con atención mi rostro—, le estaba diciendo a Tyler que es una pena que ninguno de los Cullen haya venido hoy. ¿Nadie se ha acordado de invitarlos?*

Su expresión preocupada no era demasiado convincente.

—¿Te refieres a la familia del doctor Carlisle Cullen? —preguntó el mayor de los chicos de la reserva antes de que yo pudiera responder, para gran irritación de Lauren. En realidad, tenía más de hombre que de niño y su voz era muy grave.

—Sí, ¿los conoces? —preguntó con gesto condescendiente, volviéndose en parte hacia él.

—Los Cullen no vienen aquí —respondió en un tono que daba el tema por zanjado e ignorando la pregunta de Lauren…

En este diálogo existe tal cantidad de adjetivos y adverbios que no podemos seguir la conversación; de hecho es difícil saber quién dice qué. Por eso, la mayoría de buenos escritores son muy, pero que muy cautelosos al emplear adjetivos y adverbios. Respecto de los adjetivos, Mark Twain advirtió: «Cuando caces un adjetivo, elimínalo. No, no quiero decir totalmente, pero elimina la mayoría. Entonces el resto aportará valor. Los adjetivos se debilitan cuando están cerca. Se fortalecen cuando están lejos». Respecto de los adverbios, Stephen King también dijo: «Creo que el camino al infierno está pavimentado con adverbios, y lo gritaré desde las azoteas. Por decirlo de otra manera, son como dientes de león. Cuando tienes uno en el césped, te parece bello y único. Sin embargo, si no lo extirpas, encontrarás cinco al día siguiente… cincuenta el día después… para entonces, hermanos y hermanas, tu césped estará completa y abundantemente cubierto de dientes de león. Solo entonces los verás como las malas hierbas que realmente son, pero entonces ¡ay! será demasiado tarde».

Por último, maticemos una advertencia acerca del uso de los adverbios. Cuando los adverbios se usan como conectores, estos forman parte de lo que se llama «metadiscurso» [32]. Los elementos del metadiscurso son los que permiten organizar la información dentro del texto. Algunos ejemplos son: *en primer lugar, por otra parte, en cambio, por el contrario, como ya hemos dicho, a continuación,* etc. En el colegio seguramente te enseñaron que el uso de conectores es deseable cuando queremos secuenciar las ideas entre distintos párrafos. Esto es cierto, pero utiliza la menor cantidad posible de conectores. Muchas veces, cuando los eliminas te das cuenta de que no eran tan necesarios. Si operas de esta forma repetidamente, al final te acostumbrarás a utilizarlos con cuentagotas y tus lectores lo agradecerán.

Uso preferente de la voz activa

Esta regla es especialmente importante cuando se escribe en inglés, pero también aplica al español. Generalmente, la voz activa permite un uso de menor cantidad de palabras comparado con la voz pasiva. Genera un discurso más ágil al ser las oraciones más breves y gramaticalmente más sencillas. Los siguientes ejemplos son elementales, pero ilustran perfectamente cómo la voz activa suele ser más breve y sencilla [33]:

Construcción pasiva	**Construcción activa**
Se produjo la detención de los manifestantes	*Los manifestantes fueron detenidos*
La casa fue construida por los albañiles	*Los albañiles construyeron la casa*
Esas ciudades fueron visitadas por Juan	*Juan visitó esas ciudades*
Ese poema fue escrito por Pablo Neruda	*Pablo Neruda escribió ese poema*

Hay un par de excepciones al uso de la voz pasiva. En general, la voz pasiva sirve para destacar un complemento directo frente al sujeto. Por tanto, en titulares de noticias es frecuente encontrar construcciones como: *Niño de ocho años rescatado de un incendio*, o *Pequeño pueblo de Santa Fe visitado por el Papa*. Análogamente, en ocasiones el propio sujeto es irrelevante y puede ser omitido: *Se venden libretas en aquella tienda*, o *Se alquila casa*. Salvo estos casos, utiliza la voz activa por defecto.

Uso limitado de sinónimos y jerga

En textos no académicos, particularmente en español, es habitual el uso de sinónimos para evitar monotonía o cacofonía. En la escritura académica, sin embargo, debe evitarse el uso de sinónimos. Esta característica es probablemente una de las pocas diferencias con otros tipos de escritura. Esto es así porque el primer objetivo de la escritura académica es la claridad, el segundo la brevedad, y el tercero la elegancia. Si los objetivos entran en conflicto, la claridad debe prevalecer. Los sinónimos atentan contra la claridad en favor de la elegancia, por eso deben evitarse en textos académicos. Por ese motivo, este libro también evita el uso generalizado de sinónimos; es probable que ya te hayas dado cuenta.

En cuanto al uso de términos excesivamente técnicos o jerga, debemos seguir una aproximación similar: utilizarlos en la menor medida posible. Cuando se utilicen en un artículo científico, hecho que a veces es inevitable, hay que aclarar lo que entendemos por ellos y hacerlo bien temprano en el texto. En este sentido, esta es exactamente la misma forma de proceder que con el uso de abreviaturas y acrónimos. Cuando se usan por primera vez, hay que detallar qué palabras comprenden. Esto nos evitará muchos problemas con los revisores, ya que en diferentes países se suele dar nombres distintos a los mismos conceptos.

Uso adecuado de la primera persona y de los tiempos verbales

El uso de la primera persona es cada vez más aceptado en la escritura de artículos científicos. En propuestas de investigación ya lo es desde hace varios años. Sin embargo, lo común es utilizar la primera persona del plural, aun cuando el autor sea uno solo. En español no es tan extraño utilizar la primera persona; primero, porque no utilizamos tanto la voz pasiva; segundo, porque nuestros verbos pueden omitir el pronombre (nosotros) ya que la conjugación lo hace implícito. En inglés, por el contrario, la forma verbal suele ser la misma salvo para la tercera persona del singular. Por eso necesitamos añadir siempre el *we*.

Respecto del uso adecuado de tiempos verbales debemos saber que cuando escribimos textos científicos el tiempo por defecto es el presente (simple —*investigamos*—, o perfecto compuesto —*hemos investigado*—). Hay dos excepciones principales. Solemos utilizar el pasado (pretérito perfecto simple —*investigaron*—) cuando se describen los resultados de otros investigadores. Solo en el caso de que los resultados de esos investigadores se refieran a principios o lemas que sigan siendo válidos hoy en día, utilizaremos el presente. También emplearemos el pasado cuando se describan los métodos de investigación y análisis de nuestro propio artículo porque son acciones que ya se realizaron. Esporádicamente puede utilizarse el futuro cuando nos refiramos a cosas que mencionaremos más adelante en el artículo o cuando se hable de las implicaciones de nuestras contribuciones para otros (en las Discusiones, por ejemplo). Por lo demás, como decíamos, utilizaremos siempre el tiempo presente por defecto, especialmente al redactar resúmenes (*abstracts* incluidos).

Uso correcto de los signos de puntuación

Para terminar este capítulo me gustaría hacer hincapié en el uso de los signos de puntuación. Obviamente, este libro tiene el objetivo de que escribas bien, tanto en inglés como en español. No obstante, existen algunas diferencias entre las reglas de uso de los signos de puntuación en ambos idiomas. No pretendo que esto sea un tratado extenso, pero sí al menos llamar la atención sobre errores frecuentes que suelo encontrar cuando leo artículos. La mayoría de los siguientes ejemplos han sido tomados de Wikilengua [34].

Punto (.)

Este es el signo de puntuación aparentemente más sencillo, pero cuyo uso inadecuado es más evidente. Mi consejo es que los utilices con muchísima más frecuencia que las comas o que los punto y coma. La escritura de este libro hace gala precisamente de esta forma de escribir.

Si tienes una oración completa, tu opción por defecto debe ser cerrarla con un punto; especialmente si los enunciados tienen una extensión considerable. Así, en lugar de decir: *Este año las agencias de viajes harán un gran descuento en las vacaciones de verano y se esperan gran cantidad de reservas a corto plazo de posibles veraneantes*; es mejor escribir: *Este año las agencias de viajes harán un gran descuento en las vacaciones de verano. Por tanto, se esperan gran cantidad de reservas de posibles veraneantes a corto plazo.*

Solo cuando sea muy necesario aportar algún detalle adicional, prolonga la frase con una coma (especialmente cuando la frase que continúa tras la coma no tenga verbo): *Llamará, pero pasado mañana.* También es posible no cerrar una frase con un punto sino con un punto y coma cuando lo que venga detrás sea una oración completa, es decir, tenga verbo: *El sistema digestivo se compone de muchas partes; la primera de ellas es la boca.*

Punto y coma (;)

Hay muchos escritores que usan este signo de puntuación profusamente. Yo no lo recomiendo, ya que el lector tiende a perder información por el camino (recuerda que el cerebro no «graba» hasta llegar a un punto).

¿Cuándo se usa el punto y coma entonces? Existen muchos casos, pero solo en dos de ellos no es siempre posible reemplazarla por un punto:

— Para separar oraciones relacionadas entre sí, pero que carecen de conjunción o preposición: *Nada más ver aquella habitación, decidió limpiarla y ponerla en orden; la desempolvó, la fregó, la abrillantó y la pulió.*
— Para separar los elementos de una enumeración que ya están separados entre sí por comas: *Mi madre es tendera; la de Sandra, arquitecta; la de Antonio, cirujana.*

En el resto de casos, como he recalcado, opta por el punto en lugar de punto y coma. Tu escritura será más ágil.

Paréntesis ( )

Los paréntesis se utilizan mucho en matemáticas. En su uso literario sirven, principalmente, para insertar un comentario interesante, pero de relevancia menor: *Durante 2007, las fuerzas israelíes mataron a 366 palestinos (284 en Gaza).* Otro ejemplo: *Las historias de los regímenes soviético y nazi (el Gulag y el Holocausto) son, desde hace años, todo un subgénero editorial en España.*

Sin embargo, cuando el comentario sea largo, es mejor incluirlo entre comas, porque de lo contrario puede distraer al lector. No es aconsejable decir: *El edificio (que tiene cuatro plantas) está abandonado.* Es mejor decir: *El edificio, que tiene cuatro plantas, está abandonado.*

Los paréntesis también se suelen utilizar para destacar países, años o siglas. Por ejemplo: *La guerra tuvo efectos devastadores en Rostock (Alemania); Tras un período de dos años (1856-1858), la Unión liberal volvió al poder; El anterior presidente del Instituto Nacional de la Vivienda (INAVI) falleció el año pasado.*

Por último, se recomienda utilizar corchetes ([ ]) en lugar de paréntesis cuando se escriben paréntesis dentro de otros paréntesis. En este caso, los corchetes reemplazan a los paréntesis exteriores (los que engloban a los demás). Este uso es análogo al de punto y coma en lugar de coma, cuando se separan o listan frases que ya utilizan coma.

Guion (–)

En inglés existen tres tipos de guiones. El *hyphen* o guion corto (-), que se utiliza como separador de palabras compuestas (p. ej., *state-of-the-art, off-campus*). El *n dash* o guion medio (–), que se utiliza como signo menos en operaciones matemáticas y también para indicar rangos de páginas (p. ej., *4 – 1 = 3; capítulos 8_12*). Finalmente, el *m dash* o guion largo (—) se utiliza para insertar un comentario relevante entre o al final de la oración. Ejemplo: *Adolf Hitler —el mayor genocida de los judíos— expulsó muchos polacos de la Alemania nazi.* Respecto de este último uso, es fácil comprobar que el guion largo se utiliza para insertar comentarios considerados importantes. Esto es lo que lo diferencia del uso de los paréntesis, en los que la información adicional suele tener una importancia menor.

Comillas dobles y sencillas (" ") (' ')

En general ambas se utilizan de forma indistinta. En inglés son más comunes las sencillas y en español las dobles. Su uso más habitual es el de reportar citas o textos literales de otra fuente o persona. En inglés también se suelen utilizar en lugar del guion cuando se escriben diálogos.

Solo hay dos casos que vale la pena comentar. El primero es que los tipos de comillas deben alternarse cuando hay comillas encerradas dentro de otras comillas. Por ejemplo: *Me dormí en tu ponencia titulada "La cocina 'políticamente correcta'".* Sería igualmente válido haber escrito: *Me dormí en tu ponencia titulada 'La cocina "políticamente correcta"'.* Este uso es análogo al de corchetes cuando se encierran otros paréntesis, o al del uso de punto y coma separando frases que ya llevan coma.

El segundo caso del empleo de comillas es cuando se utilizan como lo que en inglés se denominan *scary quotes*. En este caso se utilizan para destacar algo que es irónico o que está aparentemente mal utilizado o escrito. Ejemplos: *El "listo" de tu hijo ha suspendido todas las asignaturas,* también *Las "almóndigas" estaban deliciosas.* En cualquier caso, las *scary quotes* solo se suelen incluir entre comillas la primera vez que aparecen en el texto. Después, la palabra o frase debe escribirse con normalidad.

Soy perfectamente consciente de que me he dejado muchos otros signos de puntuación por explicar; entre ellos, la coma (,) y los dos puntos (:). Sin embargo, no es común encontrase con un uso muy desacertado de estos otros signos de puntuación. La única excepción podría ser el caso de aquellos escritores que reemplazan sistemáticamente casi todos los puntos y seguido por comas. En ese caso, siento decirlo, se tienen problemas mucho más graves que el de aprender a utilizar los signos de puntuación. Esta brevísima guía no podría solucionarlos.

3. Mesoestructura: Ecuaciones, tablas y figuras

Empecemos con un ejemplo. Observa las dos ecuaciones que he incluido al pie de este párrafo. Ambas ecuaciones son la misma, pero cada una se ha tipografiado con un editor de ecuaciones distinto. La ecuación fue propuesta en uno de mis artículos [35], pero no es necesario saber qué representa, ni lo que significan sus variables. El objetivo es comparar cuál de las dos ecuaciones es más clara.

Ecuación ejemplo 3.1. Ecuación generada con Microsoft Equation editor.

$$h_k = \frac{\sum_{i<j}\left\{O_{ij}^d + O_{ij}^a + O_{ij}^g + O_{ij}^e + O_{ij}^t\right\}}{\frac{n_k(n_k - 1)}{2}} = \frac{\sum_{i<j} O_{ij}}{\frac{n_k(n_k - 1)}{2}}$$

Ecuación ejemplo 3.2. Ecuación generada con Wiris Mathtype.

$$h_k = \frac{\sum_{i<j}\left\{O_{ij}^d + O_{ij}^a + O_{ij}^g + O_{ij}^e + O_{ij}^t\right\}}{\frac{n_k(n_k - 1)}{2}} = \frac{\sum_{i<j} O_{ij}}{\frac{n_k(n_k - 1)}{2}}$$

Supongo que coincidirás conmigo en que la segunda ecuación es más clara y elegante. Digo supongo porque, en aspectos estéticos, mi opinión podría no ser la de todos. Podríamos haber utilizado otro *software* (p. ej., Latex) para tipografiar esta ecuación. De cualquier forma, es evidente que el formato y cariño que aplicamos cuando presentamos la información tiene efectos sobre el lector. Sin embargo, podrías argumentar que, de no haber presentado la segunda ecuación, la mediocridad de la primera habría resultado menos evidente. En eso estamos de acuerdo. Aun así, gran parte de los revisores que leerán tus artículos ya han revisado muchos otros antes que el tuyo. Su vara de medir es casi siempre más alta que la de un investigador novel. La mayoría de estos revisores no esperan que hayas tratado con absoluta exquisitez la estética de tu trabajo, pero sí que seas lo más claro posible. Lo esperan y lo criticarán duramente si no lo consigues. Es así porque, como ya dijimos, el primer objetivo de la escritura académica es la claridad. Además de la claridad, si cuidas estéticamente tus tablas y figuras, habrás cumplido con el tercer objetivo de la escritura académica: la elegancia. Esto es importante también porque involuntariamente asociamos una estética descuidada con una investigación descuidada, al igual que pasaba con un inglés deficiente.

Sin embargo, no hay que obsesionarse con la elegancia y la estética, aunque solo sea porque seguramente alcanzaremos ambas al poner en práctica el segundo objetivo de la escritura académica: la brevedad. En el caso de tablas y figuras, como decía Edward R. Tufte en su libro *The visual display of quantitative information* [36], esto se consigue simplemente «ahorrando tinta». Es decir, hay que intentar presentar solo información relevante y con los añadidos estéticos justos para que la atención se centre en interpretar los datos, no en admirar el diseño gráfico. En este capítulo presentaremos algunos ejemplos, en el libro de Tufte hay muchos otros.

Ecuaciones

Tipografiar ecuaciones no tiene más misterio que conocer la ecuación que quieres representar y elegir un editor de ecuaciones apropiado. Los hay de todo tipo y precio. En versiones anteriores de Microsoft Office, Mathtype venía preinstalado con una versión reducida *(lite)*. En la actualidad, el editor de ecuaciones de Microsoft es la opción por defecto. Las diferencias estéticas entre uno y otros son evidentes al ver las ecuaciones 3.1 y 3.2, no obstante, hay otras más sutiles.

Representar adecuadamente una ecuación requiere insertar diferentes tamaños de espacios horizontales y verticales entre variables, signos, operadores, fracciones e índices. También requiere jugar con diferentes tipos y estilos de texto (cursiva, negrita, etc.) en función de que estos sean variables, constantes, conjuntos o números. Además, todos estos elementos pueden tener distintos tamaños condicionados a la incorporación de índices, exponentes y/o cuando están dentro de paréntesis, corchetes, llaves o raíces. Este conjunto de reglas es lo que se llama «ortotipografía», término que también suele aplicarse a textos literarios. Aunque pueda parecer sencillo, la ortotipografía no está igual de pulida en todos los editores de ecuaciones. Por eso, cuando te plantees pagar por uno, prueba a tipografiar tres o cuatro ecuaciones durante el período de prueba del *software*. Si te satisface la claridad, la simplicidad de uso y el precio de adquisición, no lo dudes: adquiérelo y aprende a usarlo.

Tablas

Las tablas son matrices de información, principalmente textual y/o numérica, que ocasionalmente pueden albergar ecuaciones. La gran mayoría de las revistas no consideran que sean tablas, sino figuras, aquellas que incluyen sombreados, figuras o cualquier elemento gráfico distinto de la cuadrícula.

Las tablas son preferibles a las figuras cuando se desea representar información más precisa (cantidades con más dígitos significativos o con decimales, por ejemplo). En cambio, cuando se necesita presentar gran cantidad de información, el uso de figuras es más recomendable.

¿Cómo elaborar tablas? Las tablas deben ser lo más sencillas posible. La forma más efectiva de conseguirlo es filtrar de partida lo que se quiere incluir en el artículo final. Lo que no es tan importante o no conduce a ninguna conclusión relevante no debería incluirse en ninguna tabla. Por tanto, antes de comenzar a generar las tablas, piensa en qué material es el que realmente quieres reportar. Todo lo demás podrá incluirse como material suplementario con un formato no tan cuidado.

Una vez has decidido la información que quieres presentar, deberás fragmentarla en varias tablas. Lo ideal es que cada tabla incluya información relativamente homogénea. Por ejemplo, una tabla puede describir la base o fuente de datos empleada (ver tabla ejemplo 3.1) o las características de los ensayos implementados. Otra tabla puede presentar los resultados de los ensayos (ver tabla ejemplo 3.2). Otra tabla podría presentar las correlaciones entre las variables del modelo propuesto o los resultados más significativos (ver tabla ejemplo 3.3).

Cuando sepas lo que aproximadamente quieres incluir en cada tabla, debes tener cuidado con el espacio que tienes disponible. La mayoría de tablas tienen limitaciones físicas. La más evidente es la cantidad de columnas que puedes incluir asumiendo que deberás escribir dentro de ellas. Diez columnas o más podrían ser excesivas. El número de filas, por el contrario, no suele estar tan restringido, ya que es frecuente poder recurrir a más de una página para representarlas. Sin embargo, ten presente que estás utilizando una tabla para permitir al lector que evalúe los contenidos con mayor detalle. Si lo abrumas con excesiva información, recurrir a una figura podría ser mejor alternativa. Si aun así necesitas presentar toda esa información, piensa en recurrir a los apéndices o al material suplementario.

Una vez creada la tabla, especialmente si reporta gran proporción de datos numéricos, es conveniente chequear si la información puede simplificarse (p. ej., reducir la cantidad de decimales). Esto ayuda a ganar espacio en las columnas y tal vez, poder incluir alguna/s más.

Algunas observaciones adicionales al crear tablas podrían ser las siguientes. Si al construir una tabla observas que no ocupa mucho espacio (el equivalente a menos de cuatro líneas de texto), podría ser preferible omitir la tabla y describir sus contenidos directamente en el texto del artículo. Si la tabla que vas a crear también reporta una gran cantidad de datos con mucha repetición (p. ej., un mismo valor en varias filas y/o columnas), tal vez sea mejor describir sus contenidos en el texto en lugar de en una tabla.

En cualquier caso y como recalcábamos antes, intentar meter excesiva información en una sola tabla casi nunca es recomendable. Matizo el «casi nunca» porque en ocasiones es posible generar tablas que sí reporten bastante información heterogénea. No obstante, el investigador debe pensar si los distintos tipos de información serán explicados en la misma parte del artículo (en la misma sección, por ejemplo). Si no es el caso (*v. gr.*, reportar características de ensayos y resultados en una misma tabla), es mejor presentar dos tablas por separado, aun cuando sus contenidos se repitan parcialmente.

A continuación se presentan algunas tablas ejemplo. Estas han sido traducidas con extensas modificaciones de la guía para autores de las revistas de la *American Society of Civil Engineers (ASCE)* [37].

Tabla ejemplo 3.1. Emplazamientos paleozoicos para el gráfico de penetración.

Emplazamiento	Ensayo	Prof. capa crítica (m)	V_p (m/s)
Francia			
Bretaña	SL	3.1–5.3	850
Países del Loira	SL	3.4–9.5	1,450
Normandía occidental[a]	DH	3.4–6.8	1,250
España			
Macizo Ibérico	CH	2.5–5.0	280
Pirineos	CH	1.5–3.5	1,440

Nota: CH: *Crosshole*, DH: *Downhole*; SL: *Suspension Logger*
[a] Emplazamiento con observación de fenómenos de licuefacción

Tabla ejemplo 3.2. Resultados de ensayos tensión–deformación.

Punto	Plancha acero S275 (1.5mm)			Plancha acero S275 (3.0mm)		
	Def. total (10^{-3})	Def. plástica (10^{-3})	Tensión (MPa)	Def. total (10^{-3})	Def. plástica (10^{-3})	Tensión (MPa)
A	0.00	0.00	000	0.00	0.00	000
B	2.02	0.00	540	2.45	0.00	515
C	18.80	16.80	550	40.90	38.30	565
D	41.80	37.90	630	134.00	410.00	650
E	144.00	140.00	715	1,000.00	995.00	650
F	1,000.00	995.00	715	—	—	—

Tabla ejemplo 3.3. Propiedades geométricas deseables de las piezas.

Pieza[a]	Pos. recorte (mm)		Refuerzo longitudinal[b]				Barras inferiores[c]
			Sección A-A		Sección B-B		
	101	102	Superior	Inferior	Superior	Inferior	
S1-0.9	900	N/A	2T7 (0.8%)	2T7(0.4%)	2T7(0.4%)	2T7(0.4%)	Continuas
S2-0.7	825	N/A	3T7(0.6%)	2T7(0.4%)	2T7(0.4%)	2T7(0.4%)	Solapadas
S3-1.2	900	345	3T8(1.2%)	2T7(0.4%)	2T9(0.8%)	1T9(0.9%)	Solapadas
S4-1.2	950	N/A	3T9(1.2%)	2T9(0.8%)	2T9(0.8%)	2T9(0.8%)	Continuas

Nota: Las secciones de las vigas son 150 mm × 250 mm en todas las piezas.
[a] El comportamiento sísmico se clasifica según la cifra tras la 'S', según Yi (2010).
[b] El ratio de refuerzos en las secciones se detalla en la Figura 1.
[c] La longitud de solape de las barras es de 520 mm en las piezas S2 y S3.

Un aspecto que puede llamar la atención al investigador novel es la preferencia por omitir líneas de separación verticales. Efectivamente, esto es así porque estas aportan poco y desvían la atención. No obstante, en ocasiones es inevitable incluir líneas verticales y/o algunas más horizontales. En esos casos suele ser preferible recurrir a otros patrones con menor visibilidad para las líneas secundarias (p. ej., líneas punteadas de menor grosor) y/o incluirlas cada tres o cuatro filas para no abarrotar la tabla. La aplicación de otros formatos complejos, como sombreados, es generalmente no recomendable ya que, como decíamos, convierte la tabla en figura.

Un último comentario respecto de las tablas tiene que ver con el uso de notas al pie. Las tablas 3.1 y 3.3 han incluido algunas de estas notas. La mayoría de las revistas intentan minimizar su uso, no solo en tablas, sino en el artículo en general. Cuando estas son inevitables, debe saberse que las notas que aplican a toda la tabla suelen incluirse las primeras al terminar la tabla. Las notas que afectan a algunos de los contenidos deben indicarse por medio de letras o números superíndices en la parte de la tabla donde apliquen. Estas notas alfabéticas o numerales se detallarán tras la nota general al pie de la tabla (si la hubiere). En cualquier caso y como norma general, cuando una nota pueda ser sustituida por una explicación en el propio texto del artículo, siempre será preferible esto último. De lo contrario, es posible acabar con una proporción de notas que exceda la extensión de la propia tabla como casi ocurre en la tabla 3.3.

Figuras

Una figura es cualquier representación gráfica que no sea una tabla o texto. Suelen ser principalmente esquemas, diagramas, gráficos, imágenes o combinaciones de estos. Los principios para su elaboración son los mismos que en el caso de las tablas: simplicidad y claridad; los aspectos a considerar durante su elaboración también. Por estos motivos no los repetiré de nuevo.

Cuando elaboremos figuras simples y claras, la estética será más fácil de alcanzar también. Sin embargo, tal vez por su formato y contenido más «libres», las figuras tienen mayores oportunidades de ser deficientes. Veamos el ejemplo de la figura 3.1.

Figura ejemplo 3.1. Distribución estadística Normal estándar (formato deficiente).

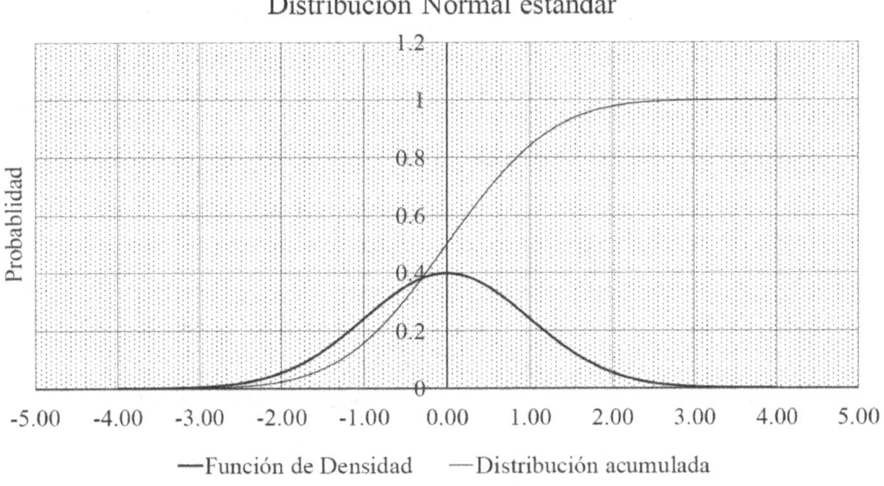

La figura 3.1 es un museo de malas prácticas en la presentación de figuras. Al imprimir este libro se ha transformado a blanco y negro, pero contenía cinco colores: uno para cada curva, otro para la cuadrícula, otro para el fondo y otro para el texto. En general, la cantidad de colores debe minimizarse. Si es posible utilizar uno solo —el negro— muchísimo mejor. Obviamente, esto puede parecer accesorio en la actualidad donde las revistas cuelgan los PDF en color en sus plataformas. No es por eso.

Acostumbrarse a trabajar con un solo color ayuda al investigador a transmitir la información con los mínimos recursos necesarios. Es casi una filosofía. En este caso, el uso de cinco colores era totalmente innecesario, bastaba con uno. Esto se demostrará posteriormente en la figura 3.2.

Otros aspectos deficientes de la figura 3.1 son los siguientes:

- La inclusión de un título en la parte superior. En artículos, las figuras suelen tener un único título incluido como texto plano y nunca en la propia figura. Cuando una figura incluye varios gráficos, generalmente estos suelen identificarse con letras [p. ej., (a), (b), (c)].
- El eje X incluye cantidades con una cantidad de dígitos decimales innecesarios. Esto es algo bastante común pero que también genera ruido gráfico. Las cantidades numéricas siempre deben incluir únicamente la cantidad de cifras o decimales significativos. Análogamente, cuando se representan números de gran tamaño, es conveniente utilizar separadores de millares y/o recurrir a multiplicadores en los ejes (p. ej., *en millones*). Dos cosas más. El eje X no tiene título; no sabemos qué está representando. Por último, el rango de valores representado en el eje X debería haberse restringido al dominio [-4, +4], o incluso al [-3, +3]. Fuera de estos, apenas hay algo importante que representar.
- El eje Y cruza al eje X en una parte donde se cruza con las curvas de probabilidad (podría haberse representado en la vertical correspondiente a X=-4). Además, su rango de valores llega hasta el 1.2 cuando la probabilidad generalmente varía entre 0 y 1. Presentar valores fuera de ese rango genera confusión.

Como alternativa a la figura 3.1 presentamos la figura 3.2. Esta figura corrige casi todos los aspectos deficientes de la figura anterior. Concretamente: utiliza un solo color; elimina el sombreado de fondo; los ejes tienen rangos y cantidad de decimales apropiados; el título principal ha sido eliminado; y el eje X se ha titulado con una «z». Además, hemos podido omitir la leyenda al incluir etiquetas al lado de cada curva. Obviamente, las denominaciones de estas etiquetas deberían ser especificadas en el texto del propio artículo, salvo que fueran de uso común (como es precisamente este caso en el ámbito de la estadística).

Figura ejemplo 3.2. Distribución estadística Normal estándar (formato mejorado).

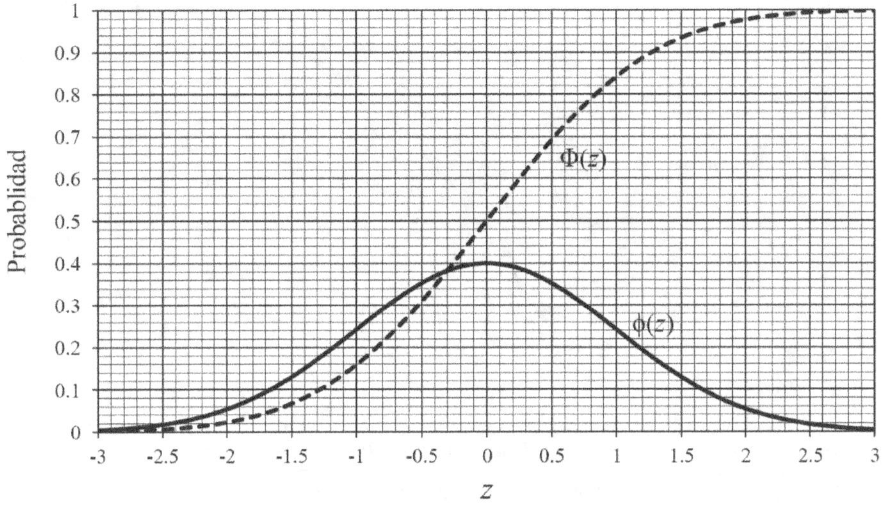

Un aspecto que llama la atención en la figura 3.2 es la densificación de las líneas de cuadrícula. En este caso es intencional, ya que la figura 3.2 va a utilizarse para medir. Sin embargo, cuando el objeto de una gráfica no sea el de medir, sino el de comparar la posición relativa de las curvas, es recomendable atenuar considerablemente las líneas de cuadrícula o incluso omitirlas. Un ejemplo de esto podemos encontrarlo en la figura 3.3.

En la figura 3.3 se pretende realzar que los métodos de predicción PERT 2.0, en sus dos variantes Normal y Gumbel (representadas con líneas de trazo discontinuo), ofrecen mayor precisión que el método PERT original (en línea con trazo fino). Esto es así porque ambas líneas con trazo discontinuo oscilan alrededor de la curva continua de trazo grueso. Esta última línea es considerada la duración más exacta ya que fue obtenida por simulaciones de Monte Carlo. Obviamente, no tienes por qué saber todo esto si no investigas en esta área. Solo pretendo realzar que esta gráfica permite enfatizar exclusivamente las posiciones relativas de las curvas, no medir sus posiciones. Por eso las líneas de cuadrícula han sido omitidas. Adicionalmente, la figura 3.3 incluye títulos en ambos ejes. En esta ocasión, no es posible sustituir la leyenda por etiquetas en el propio gráfico debido a la cercanía entre las curvas.

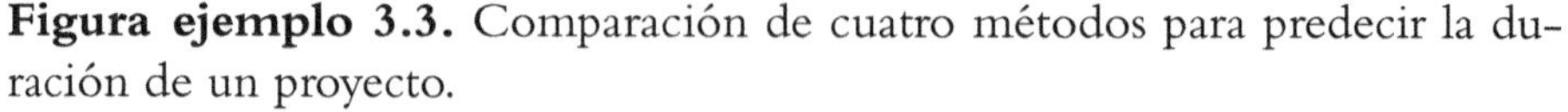

Figura ejemplo 3.3. Comparación de cuatro métodos para predecir la duración de un proyecto.

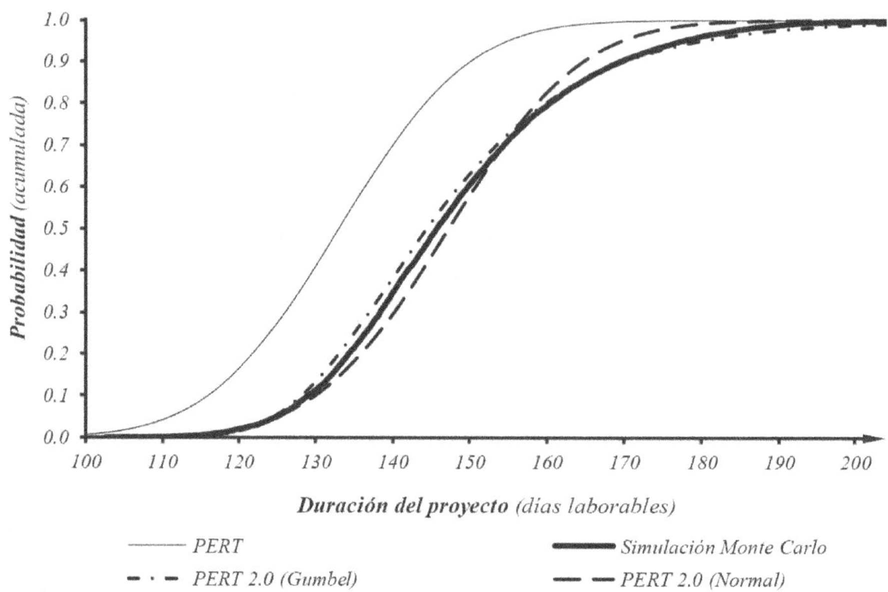

Aparte de los errores típicos en la generación de gráficos, las figuras se prestan, por supuesto, a muchas otras deficiencias formales. En cualquier caso, lo importante es que sean lo más sencillas posible. En la mayoría de ocasiones bastará con observar otros artículos de la misma revista para ver qué estilos de presentación son los más comunes. Es más fácil aprender por imitación que reinventar la rueda.

A continuación incluyo otras dos figuras publicadas en otro de mis artículos [38], también con algunas modificaciones. Como es fácil observar, cuanto más sencillas y claras, mejor. Lo importante es transmitir las ideas, no realzar la estética. Por si tienes curiosidad, te contaré que ambas figuras fueron elaboradas íntegramente con Microsoft Word.

Figura ejemplo 3.4. Conversión de otras relaciones de precedencia a relaciones Fin–Comienzo en cronogramas.

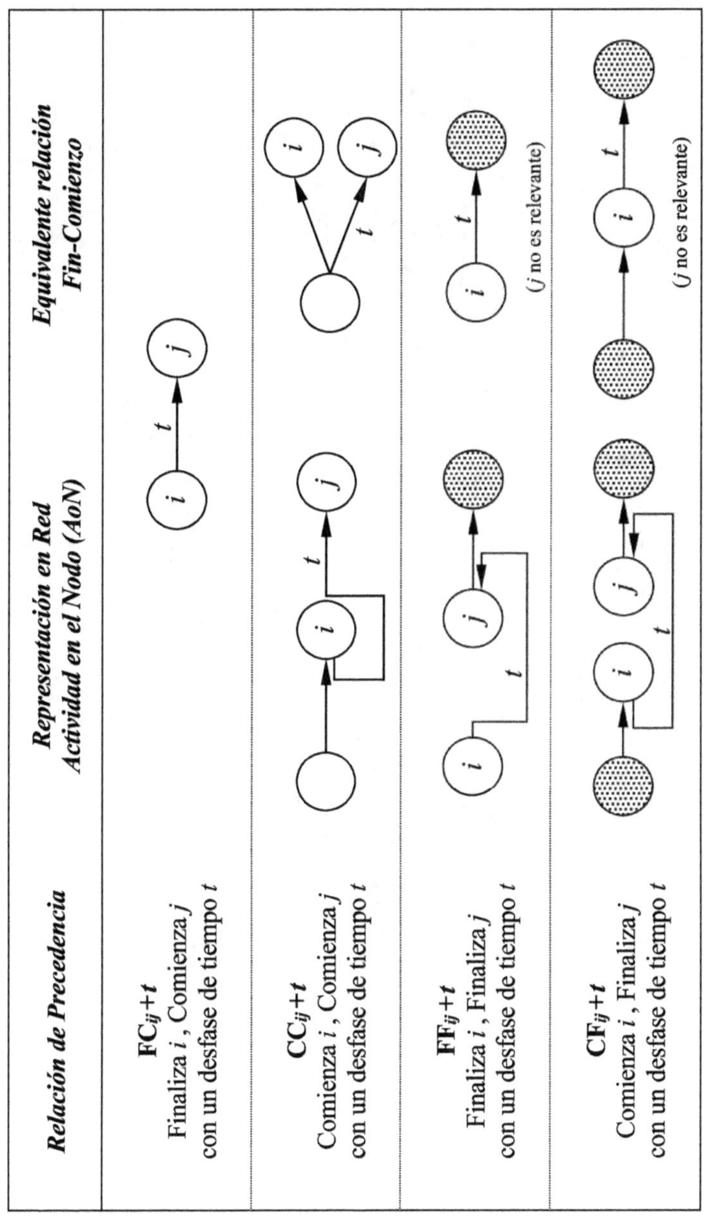

Figura ejemplo 3.5. Diagrama de planificación de la construcción de un puente.

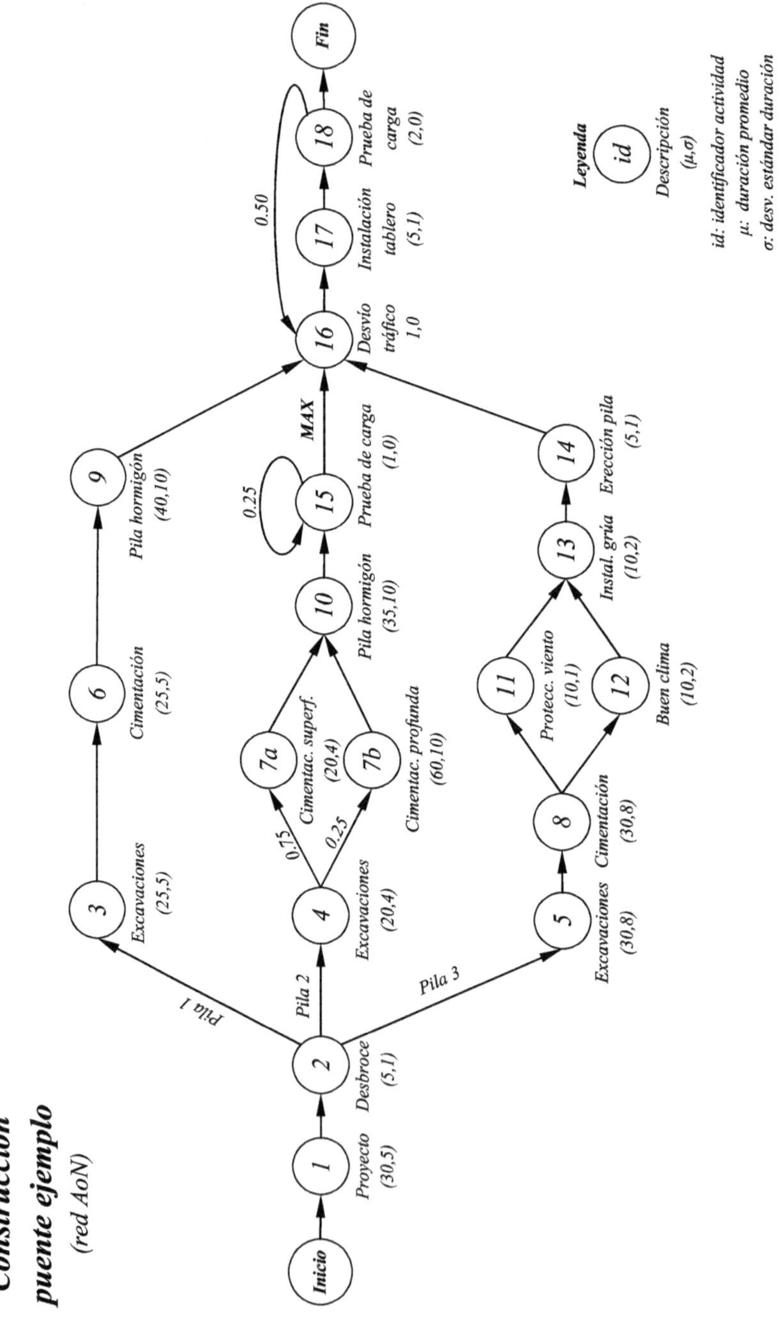

Llegados a este punto, el investigador con más experiencia podría preguntar: «¿Qué debemos hacer cuando intentemos representar un gráfico con bastantes series (curvas) y/o con cierta complejidad?». Las opciones son muy variadas. Generalmente, los gráficos con más de seis series son difíciles de visualizar e interpretar. Si aun así no hay más remedio que crearlos, hay que intentar simplificarlos al máximo.

Figura ejemplo 3.6. Nomograma de cálculo de la media ($\mu*$) del máximo de dos distribuciones Normales con distinta media (μ) y desviación típica (σ).

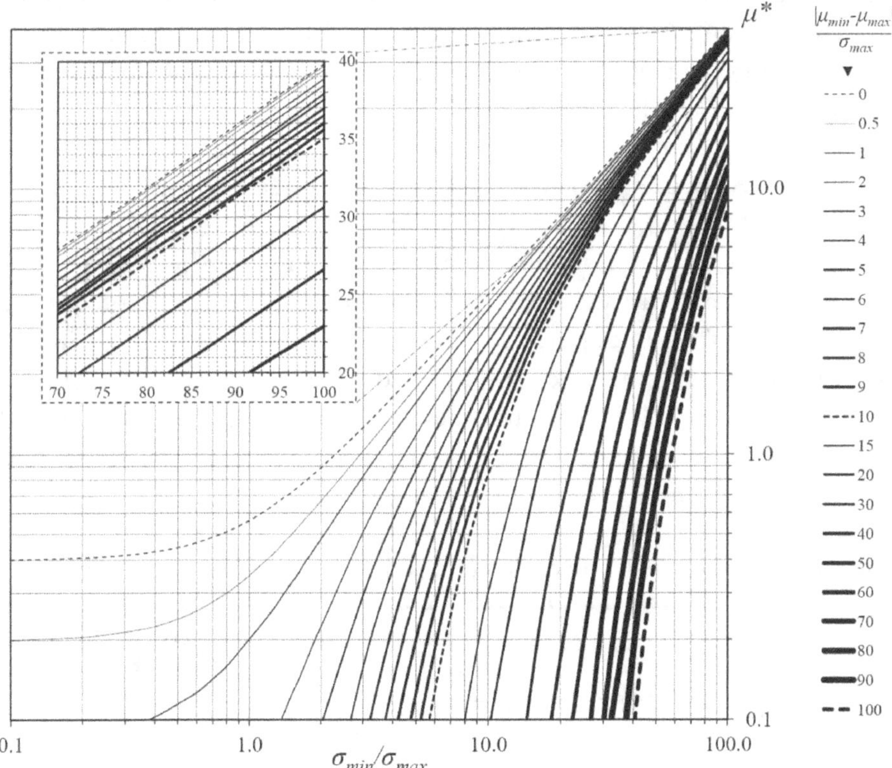

En la figura 3.6 he incluido el ejemplo de un gráfico que nunca llegué a publicar. Se trata de un nomograma para calcular la media del máximo de dos distribuciones Normales cuyas medias y desviaciones típicas no son iguales. Este gráfico incluye una ventana de detalle que permite la lectura en una zona del diagrama con curvas muy próximas entre sí. Este tipo de gráfico se realizó íntegramente con Microsoft Excel, aunque hubo que utilizar autoformas para combinarlos. Gran parte de la claridad en su interpretación se basa en que las curvas en el gráfico no se entrecruzan y siguen el mismo orden que en la leyenda de la derecha. Cuando este no es el caso, es probable que los diagramas se compliquen enormemente hasta el punto de no poderse interpretar.

Para finalizar esta sección, tal vez tengas curiosidad por conocer algún *software* que genere figuras claras y sencillas. Hay muchos, pero yo solo recomendaría uno: Grapher. Se trata de un producto de la empresa Golden Software. Si alguna vez estuvieras dispuesto a pagar por un programa para generar gráficos de calidad, podría ser este. En su ausencia, Microsoft Excel suele ser suficiente.

Sobre el uso inteligente y ético de las figuras

Como ya dijimos, las figuras son muy versátiles a la hora de presentar una gran cantidad y variedad de información. Sin embargo, existe un tipo de figura que es detestado por gran parte de las revistas. Su uso está casi proscrito porque es sinónimo de analfabetismo. Es el gráfico de tarta. La figura 3.7 incluye uno de estos gráficos. Como dijo Edward Tufte [39]: «Solo existe una cosa peor que un gráfico de tarta: un gráfico con cientos de ellos».

Figura ejemplo 3.7. Gráficos de tarta: la figura que nunca debes emplear.

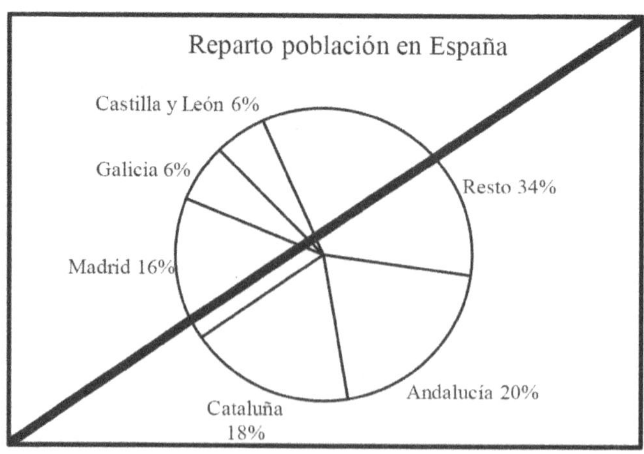

Los gráficos de tarta se prestan a la inclusión de una gran cantidad de efectos gráficos que no aportan absolutamente nada: efectos tridimensionales, colores distintos en cada quesito, sombreados, leyendas que es mejor presentar como etiquetas, y un largo etcétera. Todos estos atributos no son más que ruido.

Aun así, cuando explico esto a algunos investigadores noveles, algunos responden que «una imagen vale más que mil palabras». Pues bien, esto es cierto en la mayoría de gráficos, menos en los de tarta. Este tipo de gráficos no suelen valer ni treinta palabras. Concretamente, el de la figura 3.7 vale diecinueve:

Reparto de población en España: Andalucía 34 %, Cataluña 20 %, Madrid 18 %, Galicia 16 %, Castilla y León 6 %, el resto 6 %.

Pero es que, además de por estas razones, existe otra incluso más importante. Los editores de las revistas asumen que sus lectores y revisores conocen el orden de magnitud de un porcentaje. Es decir, saben que el 25 % corresponde a un cuarto, y que un 60 % equivale a 6/10. No necesitan visualizarlo en una tarta para entenderlo. Por tanto, la lección aprendida de estos gráficos es la siguiente: no incluyas figuras que asuman que tus revisores tienen el coeficiente intelectual de un caracol. No les sentará bien y te lo harán saber en su revisión.

A continuación, hablemos sobre el uso ético de las figuras. La representación sesgada de la información puede manipular fácilmente la percepción del lector. Esta es una práctica que debe evitarse al escribir artículos. En el resto de esta sección, incluiré tres gráficos extraídos con modificaciones del libro *The craft of Research* [40]. En ellos se aprecia cómo la misma información puede llegar a contar historias muy distintas en función de cómo se represente.

El primer ejemplo se incluye en la figura 3.8. En ella podemos ver dos gráficos cuya única diferencia es el rango de valores utilizado en el eje X. En el gráfico de la izquierda, el decrecimiento de la polución en esta ciudad es muy reducido en función del tiempo. En el de la derecha, parece ser lo contrario. Por tanto, jugar con los rangos de los ejes transmite órdenes de magnitud muy distintos.

Figura ejemplo 3.8. Grado de polución en una ciudad. Efecto de suavización o acentuación al utilizar distintos rangos del eje Y.

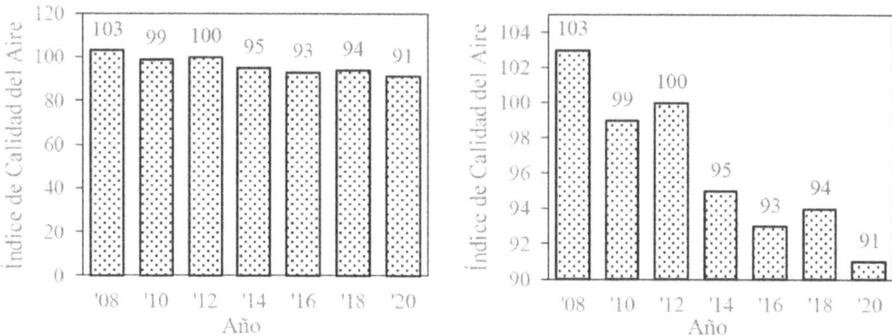

El segundo ejemplo corresponde a la figura 3.9. En el gráfico de la izquierda hemos representado cómo el porcentaje de desempleo parece reducirse a medida que disminuye el gasto público en educación de este país. Obviamente, esta correlación no tiene ningún sentido para cualquier persona mínimamente inteligente, pero aun así es lo que los datos del gráfico izquierdo parecen sugerir. El gráfico de la derecha muestra una historia completamente distinta y mucho más coherente. Ese gráfico muestra las mismas series de datos pero para un período de tiempo mayor, es decir, mayor cantidad de puntos. Los rangos de ambas series también incluyen el origen de coordenadas (los valores 0), lo cual suaviza las variaciones de ambas series. Como resultado, en la figura de la derecha observamos que, efectivamente, no existe ningún tipo de correlación entre ambas variables.

Figura ejemplo 3.9. Correlación espuria al representar series parciales.

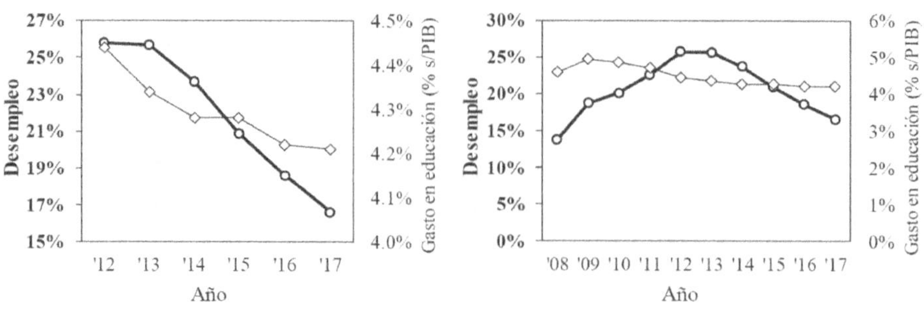

La figura 3.9 esconde otras dos lecciones. La primera es sobre el uso de dobles ejes de ordenadas: el izquierdo (desempleo) y el derecho (gasto en educación). El uso de dobles ejes se presta a manipular enormemente la interpretación de los datos, especialmente cuando se ajustan con ese fin los rangos de ambos ejes. En el gráfico de la izquierda, por ejemplo, se han solapado ambas curvas, cuando si se hubiesen representado en la misma escala, el gasto en educación habría quedado muy por debajo de la curva del desempleo. Las lecturas en ambos casos habrían sido muy distintas.

La segunda lección es sobre el significado de las correlaciones. En estadística denominamos correlaciones espurias a aquellas que muestran un alto grado de correlación, pero cuyas variables no tienen nada que ver (no tienen relación de causalidad). Para disfrutar de ejemplos bastante cómicos puedes visitar la página *Spurious correlations* de Tyler Vigen [41]. A modo de explicación de qué es una correlación espuria, imaginemos un experimento que ha determinado que existe un alto grado de correlación entre los alumnos que ponen su nombre en los exámenes y las posibilidades de aprobarlo. Sería estúpido afirmar que para aprobar un examen, la mejor estrategia es simplemente poner tu nombre. Esta correlación espuria se debe a que, tanto aprobar un examen como el no olvidar poner el nombre al tomarlo, depende de la inteligencia y preparación del alumno. Los alumnos inteligentes y preparados rara vez olvidan indicar su nombre y rara vez no aprueban el examen. Por tanto, las variables que tienen la causalidad con poner el nombre y aprobar los exámenes son la inteligencia y preparación. Entre poner el nombre y aprobarlo solo existe una correlación espuria, con la que realmente no podemos hacer nada, y concluir bien poco. Las correlaciones espurias se presentan como relaciones causales en numerosas ocasiones en la ciencia y en los medios de comunicación. Hay que aprender a advertirlas.

Para finalizar, el siguiente ejemplo es mi favorito. Lo es porque en este ejemplo el engaño es más difícil de advertir. Concretamente, la figura 3.10 incluye un gráfico de líneas apilado *(stacked line chart)*. Ambos gráficos representan la cantidad de representantes (en número de diputados) que cuatro condados imaginarios han ido consiguiendo con el paso de los años. Los datos de ambos gráficos son exactamente los mismos. El mensaje que transmiten, sin embargo, es muy distinto. En el gráfico de la izquierda parece que el número de diputados ha ido incrementándose en los cuatro condados con el paso del tiempo. El gráfico de la derecha muestra que, en realidad, solo el condado sur ha visto incrementado su número de diputados. Para los demás condados, el número de diputados se ha mantenido aproximadamente constante. Únicamente hemos tenido que representar las series en distinto orden.

Este engaño es más fácil de advertir al observar los dos gráficos uno junto al otro. Sin embargo, si solo hubiésemos visto el gráfico de la izquierda, habría sido muy difícil percibir esta manipulación. Ejemplos similares son utilizados por muchos medios de comunicación. La única opción es entrenarte a percibir este tipo de engaños y mantener una actitud ética al reportar los resultados de tu propia investigación.

Figura ejemplo 3.10. Tendencias aparentes en función del orden de las series.

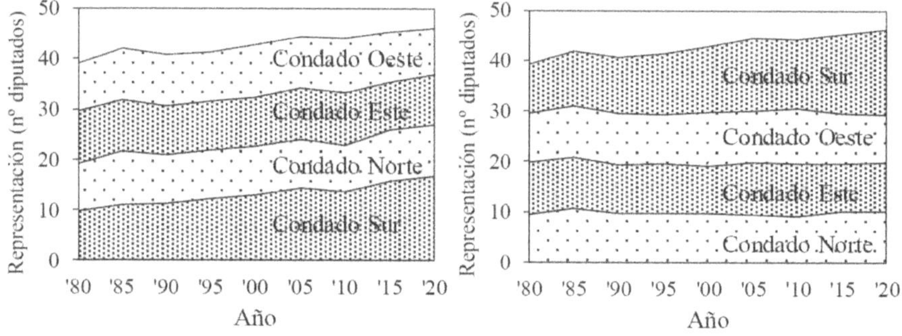

Reutilización de tablas y figuras

Una pregunta frecuente entre los investigadores es si es posible reutilizar tablas y figuras que ya han sido publicadas. La respuesta es: depende, aunque generalmente sí.

En el caso de que sea una tabla o figura propia, puedes utilizarlas sin solicitar permiso a la revista donde se publicó siempre que cambies algún elemento. En las tablas esto puede suponer simplemente añadir un poco de información o incluso eliminar parte de la información original. En el caso de figuras, basta con modificar algún texto, alguna flecha o incluso cambiar un color para que califique como nueva figura. Operar de esta forma (hacer un cambio menor en el material de origen) es lo más sencillo. Entonces bastará con escribir en el título de la tabla o figura algo como *Figura X. Modificado de [referencia]*. Aun cuando hayas implementado bastantes modificaciones, es siempre aconsejable citar la fuente (incluyendo la/s referencia/s oportuna/s).

Cuando desees reutilizar tablas y figuras de otros autores, entonces sí deberás solicitar permiso a la revista en la que se publicó esa tabla o figura. Deberás solicitarlo aunque hagas cambios en ellos, salvo que ambos elementos parezcan realmente distintos. Lo mismo aplica si deseas utilizar tus propias tablas y figuras sin hacerles ningún cambio. Casi todas las revistas tienen formularios estándar para estas solicitudes y suelen responder en plazos razonables. De cualquier forma, solo necesitas tener las autorizaciones en el momento de la aceptación de tu artículo. Esto quiere decir que puedes enviarlo a revisión mientras las consigues.

Un caso especial son las fotografías *(photographs)* o dibujos *(drawings)*. Incluso cuando estos hayan sido realizados por ti, lo que representas podría tener derechos de autor y requerir de un permiso del propietario de lo fotografiado o dibujado para poder ser utilizado. Este suele ser el caso de productos comerciales (piezas, equipos), propiedades privadas (casas, museos, lugares arqueológicos), o cuando se toman fotos o crean figuras mientras se trabajaba para una empresa privada. En cualquier caso, es necesario ponerse en contacto con el propietario de lo representado y conseguir una autorización escrita que te exonere de pagar en el futuro en caso de que este cambie de opinión.

Consideraciones finales

Bodil Hoslt, en su libro *Scientific Paper Writing: a survival guide* [30], defiende que tras crear las tablas y figuras el artículo está 2/3 escrito. Esto es cierto, aunque solo sea porque, cualitativamente hablando, el primer tercio es desarrollar la investigación; el segundo tercio elaborar las tablas y figuras; y el tercio final escribir el propio artículo.

De cualquier forma, elaborar las tablas y figuras suele implicar un esfuerzo y tiempo considerables. Conozco muchos investigadores a los que les desagrada profundamente generar y formatear tablas y figuras. Este nunca ha sido mi caso. Para mí es frecuente dedicar el doble de tiempo a prepararlas que a escribir el propio artículo. Cuando las termino todas, las coloco en las secciones del artículo donde creo que hablaré de ellas. En ese momento escribo sus títulos. Esto puede parecer sencillo, pero con frecuencia tampoco lo es. Escribir títulos breves y representativos de algunas tablas y figuras es a veces más costoso que titular el artículo. Aun así, elaborar, emplazar y titular todas las tablas y figuras ayuda bastante a decidir qué contaremos en cada parte del artículo, cómo lo contaremos y en qué orden lo contaremos. Con todo esto efectivamente el artículo sí está 2/3 escrito.

También es bastante inusual que consigamos producir el conjunto final de tablas y figuras en una sola iteración. Cuando hablamos de cómo escribir en el capítulo anterior, recalcamos que siempre es necesario editar y eliminar *a posteriori* todo lo que no es parte de la historia. Al producir tablas y figuras ocurre exactamente lo mismo. Es muy probable que en una primera instancia hayas generado más tablas y figuras de las que podrás incluir en el artículo. Además, dado que la mayoría de revistas imponen límites de extensión, tendremos que exprimir nuestros argumentos y presentar únicamente la información realmente relevante. Todo lo demás deberá incluirse como material suplementario o simplemente quedarse sin publicar.

El proceso de edición posterior de tablas y figuras afecta, no solo a su número, sino también a su contenido. Cuando ya hemos generado la primera versión es mucho más fácil simplificarlas. Con ello me refiero principalmente a intentar combinar información y/o a eliminar información no tan relevante. Anteriormente dijimos que esto puede no ser tan sencillo, pero es necesario intentarlo si ayuda a contar la historia con mayor claridad.

Precisamente por la necesidad de pasar por este proceso de destilación (en número) y refinamiento (en contenido) de tablas y figuras, es por lo que no recomiendo empezar a escribir el artículo hasta que estas estén casi listas.

¿Qué otros aspectos formales debo conocer a la hora de elaborar las tablas y figuras? La mayoría de ellos estarán seguramente especificados en la guía para los autores de cada revista. Sin intentar ser exhaustivo, muchas veces las tablas y figuras se pueden incluir en el propio cuerpo del artículo o todas juntas al final. Cuando se colocan al final, es necesario indicar dónde va cada una con un «Tabla/Figura X aquí» en el cuerpo del artículo. Adicionalmente, las abreviaturas o acrónimos deben hacerse explícitos en alguna parte del texto si no se han utilizado previamente. Esto puede hacerse por medio de notas como las utilizadas en las tablas ejemplo 3.1 y 3.3. Si la figura también tiene algún elemento o codificación, estos también deberán quedar claros en las notas, en el título de la figura o en la parte del artículo que antecede o precede a la figura o tabla. A veces, los códigos empleados pueden resultar obvios para el autor, pero no siempre lo es para el revisor. Por precaución es mejor detallar el significado de cualquier nomenclatura que no sea estándar.

Un último aspecto a considerar al elaborar tablas y figuras es si su texto podrá ser leído una vez sean publicadas en su tamaño definitivo. Con frecuencia todos los elementos del artículo (texto, tablas y figuras) suelen reducirse al menos un 20 % en el proceso de producción. Si contienen texto al límite de la legibilidad (8 puntos aproximadamente), este no se leerá cuando el artículo sea publicado. Por este motivo, la mayoría de las revistas piden que el texto en las tablas y figuras tenga un tamaño mínimo de 10 puntos.

4. Macroestructura I: Secciones frontales del artículo

Si hay algo sobre lo que se ha escrito ampliamente en la Academia es sobre cómo escribir un artículo científico. Esto ocurre por dos razones. La primera es porque muchos investigadores tienen cierta inseguridad al escribirlos. Muchos de ellos conocen de primera mano la crudeza y exigencia de los revisores. Piensan, y probablemente con acierto, que toda ayuda es poca. Estos investigadores generan la «demanda» de este tipo de bibliografía.

La segunda razón es que la lógica expositiva de un artículo sigue una estructura comúnmente aceptada por la comunidad científica. Esto quiere decir que diferentes disciplinas nos adherimos a un esquema y orden de contenidos relativamente similares. De esta forma se facilita la generación de una amplia «oferta» de manuales. Estos manuales son relativamente parecidos entre sí y prometen enseñarte a escribir artículos que serán aceptados por las mejores revistas.

No obstante, si existen tantos libros de este tipo, ¿cómo es que las tasas de rechazo siguen siendo tan altas? Hay muchos motivos, pero en mi opinión son tres las razones principales: la alta dificultad, la deficiente escritura, y la poca concreción. Hagamos un repaso de las tres razones indicadas.

La primera razón por la que se rechazan tantos artículos es porque, con ayuda o sin ella, escribir buenos artículos es difícil. Se requiere no solo conocer la teoría, sino también practicar mucho. Además, el nivel de dificultad está en constante aumento. Hoy en día las revistas reciben gran cantidad de artículos y aunque muchos de ellos tengan una calidad ínfima, tienen mucho más que elegir y les permite ser más exigentes.

La segunda razón por la que se rechazan tantos artículos es porque no basta conocer «qué» se escribe en cada sección de un artículo. Es necesario saber también «cómo» se escribe. En otras palabras, para escribir artículos debes dominar la escritura académica. La escritura se refiere a cómo se transmiten las ideas y argumentos de forma clara, breve y elegante. En el capítulo 2 explicábamos cómo escribir de esta forma. Sin saber escribir, no serás capaz de transmitir tus ideas de forma efectiva.

Si has comprado este libro y tienes la tentación de empezar a leerlo por este capítulo, piénsalo de nuevo. Precisamente por este motivo este no es el capítulo 1.

La tercera y última razón por la que los libros que enseñan a publicar no son tan efectivos es porque la gran mayoría de ellos no son lo suficientemente concretos. El siguiente párrafo escrito por Skitmore y Runeson [42] ilustra perfectamente esta idea:

«No existe un consenso sobre lo que se considera buena investigación […] – hay casi tantas opiniones como expertos. Nada es inmutable. Sin embargo, parece que hay unas pocas cosas que son comúnmente aceptadas por consenso implícito. Rigor y elegancia son dos. Otra es que la investigación académica debe generar algo nuevo. Los resultados de la investigación deben sostenerse por sí mismos; algún marco teórico debe proveerse o generarse; la exhaustividad debe maximizarse; la arbitrariedad minimizarse; las generalizaciones son deseables; los trabajos previos en el área deben reconocerse; recomendaciones para trabajos futuros deben incluirse; y el reporte de la experimentación debe ser entendible y permitir su replicación».

Obviamente, este párrafo describe cómo debe ser la investigación, pero no cómo se consigue que sea así. De hecho, los autores de este texto argumentan posteriormente que gran parte de la literatura sobre escritura académica suele ser excesivamente formal. Con frecuencia degenera rápidamente en discursos teóricos o filosóficos que son demasiado abstractos para ser útiles. Las fuentes que no responden a este patrón suelen ser, por el contrario, demasiado prescriptivas e inflexibles. Hay también algunos otros libros que escapan a ambas categorías y que describen con gran detalle cómo reportar resultados de investigación. Un par de ejemplos podrían ser *The Chicago Manual of Style* [43] y el *Publication Manual of the American Psychological Association* [44]. El problema de estos libros es el contrario: su, tal vez excesivo, grado de detalle para el investigador novel. Para muchos investigadores, este tipo de libros puede resultar abrumador. No obstante, estos libros constituyen fuentes excelentes para el investigador experimentado y este libro no pretende competir con ellas.

Como dije en el mismo prólogo, mi intención es la de enseñarte a reportar investigación sin perder tiempo en detalles menores. En este capítulo y en el siguiente no encontrarás apenas nada que no sea relevante para que acepten tu artículo. Pero lo que aparezca será porque es realmente importante. La macroestructura (secciones y contenidos) de los artículos es bastante similar entre disciplinas cuantitativas. Cuando entiendas su lógica y aprendas a pulir tu microestructura (escritura) y mesoestructura (tablas y figuras), publicar te será infinitamente más sencillo.

El cono de la investigación

Muchos textos académicos hablan de la estructura *IMRaD* como una de las más adecuadas para reportar investigación [45], [46]. *IMRaD* es un acrónimo que significa Introducción, Métodos, Resultados y Discusiones *(Introduction, Methods, Results, and Discussion)*. Las omisiones más evidentes de este listado son la Revisión de la literatura *(Literature review)* y las Conclusiones *(Conclusions)*. Esto es así porque muchas revistas consideran que la Revisión de la literatura está contenida en la segunda parte de la Introducción, y que las Conclusiones simplemente repiten y resumen lo ya reportado. Como primera aproximación, *IMRaD* es útil, pero carece del grado de detalle necesario. Vamos a intentar profundizar un poco más.

Otro esquema común que describe cómo se escribe un artículo es el denominado «cono» o «reloj de arena» de la investigación [47]. Este modelo es bastante más representativo. La forma de cono recuerda que un artículo se mueve inicialmente de un problema amplio y general hacia una modelización o experimentación concreta (proceso de concreción). Posteriormente, los resultados de nuestra experimentación o modelo deben extrapolarse a una realidad más amplia (proceso de generalización).

La figura 4.1 describe un cono de investigación con indicación de qué cuestiones debe responder un artículo y en qué secciones del mismo. En estos dos capítulos describiremos con mayor precisión a qué se refieren exactamente estas cuestiones y por qué es conveniente responderlas en este orden.

Comencemos con las secciones frontales de un artículo científico. En el siguiente capítulo abordaremos las intermedias y finales, así como otros tipos de artículos, incluyendo cómo redactar propuestas de investigación.

Figura 4.1. El cono de la investigación: lógica de un artículo de investigación.

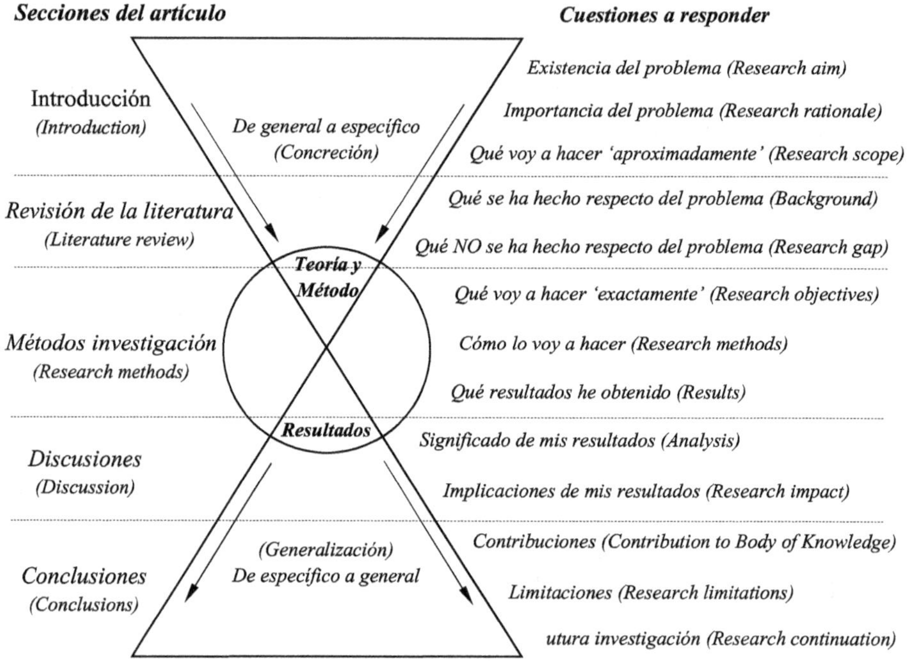

El título del artículo: el *micro-abstract*

El título de un artículo es importante porque debe describir en una frase de qué va el artículo. Fíjate que he dicho «frase» y no «oración». Es así porque los títulos no suelen tener verbo, pero sí sustantivos nominalizados a partir de verbos (p. ej., *crecimiento* en lugar de *crecer*, o *influencia* en lugar de *influir*). Los siguientes son algunos ejemplos ficticios de posibles nombres de artículos:

Predicción climatológica de alto rango en presencia de anticiclones.

El problema del vendedor «de»-ambulante: avances recientes en optimización heurística.

El agujero «negro» de ozono: evolución del calentamiento global en Sudamérica.

Cuando los títulos sí tienen verbo, la mayoría de veces son en gerundio:

Desarrollando *algoritmos rápidos para la compraventa de acciones en el mercado de valores.*

El coeficiente intelectual no lo es todo: **educando** *niños con altas capacidades en países asiáticos.*

Existen dos tipos de títulos: los declarativos y los neutrales [48]. Los títulos declarativos destacan el resultado principal del artículo (el *take away message).* En los ejemplos de arriba, los últimos de cada grupo corresponden a títulos declarativos. Los títulos neutrales, por el contrario, describen el ámbito u objeto de la investigación. En los ejemplos de arriba, el resto de títulos son neutrales. Los títulos declarativos tienen la ventaja de ser más atractivos y sugerentes para el lector. Los neutrales hacen el artículo más fácil de encontrar por motores de búsqueda. Esto se debe a que suelen contener las palabras clave que otros investigadores utilizan para localizar artículos de esa temática.

Adicionalmente, los títulos tienen en ocasiones dos tipos de añadido. Ambos matizan el alcance un poco mejor. El primero y más común es un subtítulo que informa sobre qué tipo de experimentación o ámbito reporta el artículo. Suelen incluirse tras los dos puntos (:), por ejemplo:

Análisis del impacto térmico en trabajadores: caso de estudio en China.
Prevención del acoso laboral: evidencias de la industria aeronáutica.

El segundo tipo es lo que se llama una frase ingeniosa *(witty phrase).* Esta suele tener también relación con lo que describe el artículo, pero es algo más rebuscada. Algunos ejemplos podrían ser los siguientes. Para otros tantos ejemplos consultar este *post* [49]:

Truco o trato: aparición de caries en infantes tras la celebración de Halloween.
Hasta el infinito y más allá: el nuevo telescopio de alto alcance de La Serena (Chile).

Mis consejos para escribir buenos títulos son:

- Escribe un título representativo pero que sea lo más breve posible (muchas revistas, de hecho, lo limitan a quince o veinte palabras). Para ello, elimina las palabras que no aportan nada (p. ej., *análisis de, influencia de, sobre el, estudio de*, etc.) ya que suelen estar implícitas.
- No utilices frases ingeniosas salvo que la ocurrencia sea bastante acertada (describa bien la intención del artículo) y siempre que no sea ofensiva o escatológica para otros (p. ej., *la construcción es un «trabajo de hombres»*; *Por la pata de abajo: diarrea en animales de compañía*).
- No utilices abreviaturas en el título. La única excepción es cuando estas pertenecen a grandes consorcios, organismos o grupos de investigación (p. ej., CERN, NASA).
- Escribe el título antes de escribir el resto del artículo. No importa si lo modificas varias veces antes de terminarlo. Escribir un título representativo ayuda a escribir el *abstract* un poco más fácilmente.

El *abstract*: el *micro-paper*

El *abstract* es la destilación del artículo. No es un resumen, si no tendría ese nombre en inglés *(summary)*. Cuando está bien escrito, es un auténtico artículo en miniatura. Teóricamente, y solo con su lectura, el lector debería saber qué va a encontrar exactamente en el artículo. Esto no es fácil, ya que muchas revistas limitan bastante su extensión (entre cien y doscientas cincuenta palabras). Por eso, dominar la escritura académica es esencial para escribir *abstracts* realmente informativos, pero también concisos.

Existen varias estructuras con pequeñas diferencias según disciplinas. Sin embargo, me atrevo a proponer una que suele funcionar bien en casi todos los casos. Un buen *abstract* debe dedicar una frase (máximo dos) a describir los siguientes aspectos y en este mismo orden:

1. Existencia de un problema (de qué vamos a hablar).
2. Importancia del problema (por qué es necesario estudiarlo).
3. Contribuciones previas insuficientes (qué no se ha solucionado aún).

4. Qué hemos hecho (qué proponemos exactamente).
5. Cómo lo hemos hecho (descripción muy somera de los métodos).
6. Cuáles son los principales hallazgos o descubrimientos *(findings)*.
7. Qué significan los hallazgos (implicaciones para otros).

A continuación se muestra un ejemplo de *abstract* que sigue esta estructura. Los números se corresponden con el orden de contenidos listados arriba. Este *abstract* ha sido traducido de uno de mis artículos con algunas modificaciones [50]:

Anticipar el número de ofertantes en licitaciones es relevante tanto para empresas privadas como para administraciones públicas (1 + 2). A empresas privadas les permite conocer el número total de competidores, lo que les permite afinar sus futuras ofertas (2). A las administraciones públicas les permite conocer la posible población de futuros licitadores y proponer criterios de adjudicación más adecuados (2). Los modelos matemáticos para pronosticar la cantidad de licitadores son, sin embargo, muy escasos (3).

En este artículo proponemos un modelo exponencial para predecir la cantidad promedio de licitadores basándonos en una analogía de urna (4). El modelo permite estimar el número de nuevos licitadores como proporción de los mismos frente al número total de licitadores observados en licitaciones históricas (5 + 6). Adicionalmente, otros parámetros del modelo permiten anticipar la distribución estadística del número total de nuevos licitadores por medio de una suma de distribuciones binomiales (5 + 6). El modelo exponencial es validado con tres bases de datos publicadas en el ámbito de la construcción (5 + 6). Los resultados muestran que la precisión del modelo supera ampliamente al único publicado en la literatura con propósitos similares (7).

Esta estructura siempre funciona bien y sus puntos pueden fusionarse parcialmente siempre que no se altere excesivamente su orden. Esto precisamente es lo que se hace en el ejemplo mostrado. Sin embargo, cuando leas muchos artículos observarás que antiguamente los *abstracts* no se escribían así. Hasta la década de los 90 era común comenzar directamente con la descripción de lo que se proponía (puntos 4-7) y omitir casi por completo el contexto y justificación de la importancia del problema (puntos 1-3). Esto no es recomendable hacerlo hoy en día. Es así porque una de las primeras cosas que debemos hacer es convencer al lector de que estamos estudiando un problema relevante y de que leer el artículo es una buena forma de invertir su tiempo. Si no lo hacemos, es probable que ni siquiera pasemos el filtro del editor. Al fin y al cabo, las revistas mejoran su reputación al incrementar su número de citas. Publicar artículos que no abordan ningún problema relevante es una buena forma de conseguir lo contrario.

Existen también los llamados *structured abstracts*. Estos fuerzan a los autores a rellenar una plantilla con categorías como: Propósito; Diseño/ Metodología/Enfoque; Hallazgos; Limitaciones; Implicaciones; Originalidad/Valor, etc. *(Purpose; Design/Methodology/Approach; Findings; Research limitations; Research implications; Originality/Value; etc.).* Sin embargo, estos *abstracts* suelen ser fáciles de escribir a partir de la estructura indicada arriba.

Por último, muchas revistas permiten también los *graphical abstracts* [51]. Suelen ser fotografías, esquemas o vídeos que resumen la investigación. Aún parecen no ser muy populares porque es difícil que una imagen refleje por sí sola los siete puntos de un buen *abstract*. No obstante, pueden llegar a ser un complemento útil para el *abstract* textual.

En cuanto a consejos para escribir *abstracts*, te voy a dar principalmente uno, con otros dos menos importantes. El primero es que tras generar las tablas y figuras empieces siempre tu artículo escribiendo primero el *abstract*. Hacer esto no es nada fácil. Hay personas que dejan el *abstract* para más adelante o incluso para el final. Con frecuencia, esto acaba en artículos más largos de lo habitual y con falta de foco (divagación). Esto ocurre porque en esos casos, cuando el investigador escribe el artículo, aún no sabe qué artículo está escribiendo. Cuando escribes el *abstract* en primer lugar, ya sabes qué artículo estás escribiendo. Todo el esfuerzo invertido en él se recupera con creces al escribir los siguientes apartados. De hecho, las frases del *abstract* constituyen los temas dominantes del resto de las secciones. Observa:

1. Existencia del problema (Introducción).
2. Importancia del problema (Introducción).
3. Contribuciones previas insuficientes (Revisión de la literatura).
4. Qué has hecho (Materiales y métodos).
5. Cómo lo has hecho (Materiales y métodos).
6. Hallazgos o descubrimientos relevantes (Resultados).
7. Significado de tus hallazgos (Discusiones).

Comenzar las secciones posteriores sabiendo exactamente qué quieres contar en ellas facilita mucho su escritura. Respecto a las Conclusiones (las cuales no aparecen en el listado de arriba), estas son como un *abstract* extendido con alguna cosa más que veremos luego. Entonces, trabajar con este esquema previo es más sencillo, ¿verdad? La condición es escribir el *abstract* en primer lugar.

Te dije que te daría otros dos consejos menores también. Se trata más bien de errores a evitar. Son los siguientes. Cuando escribas *abstracts* no incluyas referencias (muchas revistas ni siquiera las permiten en esta parte del artículo). En segundo lugar, si utilizas abreviaturas, detalla las palabras que comprenden en su primer uso. Ya no hay nada más que quiera contarte respecto de los *abstracts*. El resto es cuestión de práctica.

Para finalizar, hablemos brevemente del listado de palabras clave *(keywords)* que suelen incluirse justo a continuación del *abstract*. Estas son prácticamente una reminiscencia del pasado. Las *keywords* se propusieron en una época en la que era necesario clasificar las temáticas de los artículos para facilitar el trabajo de los motores de búsqueda. En la actualidad, estos motores son bastante más potentes y capaces de reconocer combinaciones de palabras en todo el cuerpo del artículo, no solo del listado de las *keywords*. Por eso, proponer palabras clave hoy en día es casi un trámite, pero hay que hacerlo y debes elegirlas bien. Estas palabras suelen ser de ayuda cuando los editores de las revistas escogen revisores adecuados. Mi sugerencia es que escojas palabras clave del propio *abstract* y que vayan de más general a más específico (p. ej., *construcción, climatología, retrasos, reclamaciones, método de Monte Carlo*). Aparte de esto y salvo que la revista proponga clasificaciones y palabras clave propias, poco más hay que añadir.

La Introducción: Houston, tenemos un problema

Aunque también puede parecer contradictorio, la Introducción no es en realidad una «introducción», ni tampoco el comienzo de la Revisión de la literatura. Es decir, no tiene por objeto presentar un contexto, ni empezar a revisar qué se ha hecho en la materia. Estas cosas pueden aparecer en esta sección, por supuesto, pero no deben dominar la exposición. El propósito de la Introducción es destacar que existe un «problema» y que es necesario abordarlo [46].

Como ya se anticipó en la figura 4.1, la Introducción responde a tres cuestiones. La primera es justificar la «existencia» de un problema. Mejorar o aliviar este problema es lo que se suele llamar *Research aim* (la meta o el fin de la investigación). Por lo general, este problema será tan grande y polifacético que nuestro artículo no conseguirá solucionarlo, ni siquiera en gran parte. Algunos ejemplos de problemas podrían ser el cambio climático, la corrupción en los gobiernos, o los retrasos y sobrecostes en proyectos de construcción. Lo importante no es acabar con estos problemas, sino demostrar que nuestro artículo los reducirá de alguna manera y que también con ello nuestra vida será mejor.

La segunda cuestión es demostrar que el problema es importante. Una vez tenemos el punto de mira puesto en el problema, responder esta cuestión supone concienciar al lector de que el problema es realmente grave. Justificar la importancia y gravedad del problema ocupará probablemente más de la mitad de la Introducción. Dependiendo del tipo de problema, será común soportar nuestras afirmaciones con referencias de organismos económicos, datos gubernamentales, información de empresas, etc., es decir, referencias que no son necesaria ni exclusivamente académicas. Esto es una gran diferencia con la Revisión de la literatura, donde nos centraremos en lo que ya se ha hecho respecto del problema, pero a nivel científico.

La tercera cuestión a responder es simplemente delinear brevemente lo que proponemos en el artículo. Esto suele hacerse en el último o penúltimo párrafo de la Introducción y es algo equivalente a enumerar el o los objetivos de la investigación *(research objetives)*. Adelantar algunos de los resultados más relevantes es opcional también, pero si se incluyen, debe hacerse con brevedad.

Por último, hay algunas revistas que sugieren terminar esta sección con un esquema de qué se contará en cada una de las siguientes secciones *(paper outline)*. No se trata tanto de enumerar los contenidos, sino de describir qué partes del problema o argumentos se abordarán en cada sección. Describir los contenidos es algo mecánico y generalmente aburrido. Describir qué iremos haciendo y por qué en cada una de las sucesivas secciones hace de la exposición algo mucho más interesante.

La Introducción, por tanto, tiene como objetivo enganchar la curiosidad del lector y no soltarla. Otros textos académicos hablan de poner el pie en la puerta para evitar que nos la cierren [52]. Escribirla no suele ser fácil. Un estudio de la revista *Academy of Management Journal (AMJ)* preguntó a veintidós ganadores del *AMJ Best article award* y a veinte revisores con el *AMJ Outstanding reviewer award* cuántas veces reescribían sus Introducciones [53]. La respuesta fue de diez veces en promedio. Esto es impactante, ya que la mayoría de los encuestados declaraba gastar mucho más tiempo en escribir esta sección que en escribir otras. Y también es curioso porque la Introducción no suele suponer más del 10 % de la extensión del artículo.

También se preguntó a estos autores y revisores destacados qué fallos suelen ser los más comunes. Sus respuestas fueron una combinación de los siguientes: motivación y problematización insuficientes (60 %), falta de focalización (45 %) y prometer demasiado (14 %). Por último, también se les preguntó en qué momento suelen escribir la Introducción. A este respecto las respuestas fueron más variadas. Un 9 % la escribía justo cuando tenía la idea de la investigación; un 23 % la escribía al empezar a escribir el artículo; un 59 % lo hacía en algún momento durante la escritura del artículo; y un 9 % justo al final. Como puedes observar, escribir la Introducción al principio no es tan importante como sí lo era para el *abstract*.

Hasta el momento hemos descrito qué cuestiones hay que responder para conseguir problematizar, focalizar la exposición y motivar al lector. Con esto evitaremos los tres problemas más comunes de Introducciones deficientes mencionados arriba. La Introducción debe ser también clara y sencilla. Cuantas menos líneas argumentales mejor, preferiblemente una, máximo dos. Sin embargo, tal vez algunos investigadores se preguntan cómo empezarla. Existen tres estrategias para arrancar una buena Introducción [40]:

— Comenzar con una frase de común acuerdo. Empieza con un hecho o afirmación con la que todo el mundo esté de acuerdo en tu disciplina. A partir de esta frase (que suele ser más o menos general), mueve el argumento progresivamente hasta el subdominio en el cual se encuadra el problema que quieres abordar.

— Comenzar con una anécdota o hecho relevante que ilustre el problema que quieres estudiar o paliar.

— Comenzar con una cita o cifra impactante de una fuente con autoridad en la materia que, por supuesto, sea pertinente.

Estas tres aperturas suelen ser bastante efectivas y facilitan el arranque de la argumentación. A partir de este arranque, debes mover el discurso hacia donde quieres posicionar al lector y responder las tres cuestiones descritas arriba (existencia del problema, importancia del problema y qué propones).

Para terminar, formas poco recomendables de empezar una Introducción son utilizar definiciones de diccionario o usar frases grandilocuentes. Estas suelen generar aburrimiento o desconfianza desde la casilla de salida. Hay que evitar perder la partida antes de jugarla.

Revisión de la literatura: justificación del *Research gap*

La Revisión de la literatura *(Literature review)* no es una compilación de todo, ni siquiera de casi todo, lo publicado en un área concreta de investigación. Esto también suele ser un fallo común en artículos escritos por investigadores noveles. El propósito de la Revisión de la literatura es simplemente delinear un *Research Gap*. En este subcapítulo explicaré qué es esto y por qué es tan importante.

En la actualidad se publican diariamente cientos de miles de artículos en revistas con cierta reputación. Es imposible mantenerse al día con semejante volumen de información. Yo dejé de intentarlo años atrás. Ahora sigo una estrategia diferente: conozco los cuatro o cinco investigadores principales en mi área y de vez en cuando reviso sus perfiles para ver si han publicado algo. La mayoría de veces no me tengo ni que esforzar. Casi todos ellos tienen perfiles en las redes sociales de ResearchGate y/o Linkedin. Cuando publican algo, me llegan avisos notificándome. Si entre esos avisos veo algún artículo que pueda interesarme, lo descargo, lo leo y lo dejo clasificado con alguna anotación en mi gestor bibliográfico. Posteriormente, cuando estoy haciendo la experimentación para un futuro artículo, selecciono los artículos más relevantes de entre los que ya había recopilado. Me los leo y hago también con ellos una búsqueda hacia atrás *(backward search)* y otra hacia delante *(forward search)*. La búsqueda hacia atrás es la convencional. Consiste en revisar qué artículos se han citado en los artículos que yo había seleccionado. La búsqueda hacia delante consiste en detectar otros artículos potencialmente interesantes entre los que han citado a los artículos que ya había seleccionado. Si en estas dos búsquedas encuentro algunos que parezcan importantes, me los leo también. Con esto tengo cubierto aproximadamente el 98 % de lo que quiero citar.

Para finalizar, suelo hacer alguna búsqueda rápida en Scopus para asegurarme de que no he omitido nada importante. También suelo incluir algunas citas de la revista a la que voy a enviar el artículo. Esto solo lo hago si no he incluido suficientes referencias en mi listado original. Mi intención al hacer esto es que mi artículo, en caso de ser aceptado, sea neutral en cuanto al factor de impacto de esa revista *(impact factor neutral)*. Esto se consigue citando al menos tantos artículos de los últimos dos años como factor de impacto tenga la revista. Aun así, la verdad es que no suelo prodigarme en esto puesto que suelo enviar mis artículos a las revistas que ya citaba por defecto. Lo hago así porque entiendo que ellas publican esos mismos temas y tipos de artículos. De esta manera, también se lo pongo más fácil a los investigadores que quieran encontrar mis trabajos en el futuro. Esta es realmente la mejor forma de conseguir más citas a largo plazo: publicar en las revistas que realmente referencias.

Cuando ya tengo todos los artículos que considero relevantes, suelo clasificar mis referencias en dos grupos. Por un lado, tengo las referencias que aportan algún dato, definición o resultado que quiero mencionar. Este grupo de referencias suelo utilizarlo principalmente en la Introducción. Por otro lado, tengo los artículos que «realmente» han contribuido al área donde estoy escribiendo el artículo. No suelen ser más de cinco o diez referencias como mucho y generalmente representan una combinación de artículos clásicos y otros más recientes. Con ellos son con los que realmente escribiré la Revisión de la literatura. Estos son los artículos que debes haberte leído y conocer lo suficientemente bien.

No obstante, la escritura de esta sección del artículo es algo personal. Yo suelo subdividirla en dos partes. La primera consiste en declarar de nuevo, pero muy brevemente (en una o dos frases), lo que el artículo quiere proponer. También defino, detallo o matizo cualquier término o concepto que sea esencial para entender lo que el artículo propone. Esto lo hago solo cuando esos términos no los había explicado ya en la propia Introducción. En su conjunto, estas dos acciones (reformular el propósito del artículo y explicar los conceptos clave) no suelen ocupar más de un párrafo. Aun así, este proceso de «acotación» es muy importante, especialmente en áreas de investigación cuyas áreas vecinas son muy prolíficas *(hot areas)*. Si lo haces de esta manera, los revisores rara vez te dirán que olvidaste citar algo importante. No lo harán porque entenderán que estás hablando de un área muy específica y no de otra.

El siguiente bloque después de indicar qué es lo que quieres investigar, consiste en reportar lo que propusieron/descubrieron/desarrollaron los autores de mi grupo de referencias relevantes. Esto suele llamarse *Background*. Yo suelo escribir este bloque bien por orden cronológico, bien por otro orden lógico que represente la generación incremental del conocimiento (a veces cronológico, a veces no). De cualquier forma, lo importante no es solo destacar lo que se ha hecho, sino también lo que no se ha hecho. Esto último es precisamente el *Research Gap*.

El *Research Gap* debe estar muy claro y debe ser relevante. Si lo es, las contribuciones de tu artículo también lo serán. El *Research gap* será relevante si soportaste bien la importancia del problema en la Introducción. Estará claro si has indicado de forma ordenada y pormenorizada qué es lo que otros no consiguieron hacer. A medida que pongas de relieve esas limitaciones de trabajos previos es conveniente que vayas justificando también cuáles de ellas solucionará tu investigación. Entre las limitaciones suele haber varias: los métodos/resultados/modelos/algoritmos existentes no son tan precisos, son muy caros, son muy lentos, son demasiado complejos, requieren excesivos datos, tienen una elevada carga computacional, se basaban en hipótesis/condiciones que no se suelen dar en la práctica, o cualquier otra limitación que justifique que estás abordando un problema que aún no se ha solucionado *(gap)*.

La mejor forma de reportar el *Research Gap*, por tanto, es de forma incremental. A medida que pongas de relieve lo que otros sí consiguieron, debes ir indicando lo que no consiguieron y lo que tu propuesta hará al respecto. Así una contribución tras otra hasta que hayas revisado en un orden coherente todas las referencias que habías seleccionado antes de escribir.

En cuanto a causas comunes de rechazo en artículos debidos a esta sección suelen haber principalmente tres [54]: falta de concreción, fragmentación teórica y enunciar lo obvio. Una forma común de incurrir en estos problemas es dedicar casi toda la Revisión de la literatura a describir exclusivamente lo que otros hicieron y solo al final resumir lo que esos trabajos no consiguieron hacer. A los editores no les gusta esa forma de hacerlo y a muchos revisores tampoco. Es generalista y poco informativa porque demuestra un grado reducido de análisis crítico. Es preferible detallar referencia a referencia qué se consiguió y qué no, junto con una indicación de qué conseguirá solucionar nuestra investigación. De esta forma, el flujo argumental es más detallado, más coherente y expositivamente mucho menos monótono. Hay otros autores también a los que les gusta utilizar tablas para resumir una gran cantidad de referencias. Esto suele ser igualmente poco efectivo, salvo que haya realmente muchas referencias «clave» y que se detalle en cada una de ellas qué es lo que dichos autores no consiguieron hacer.

Para terminar con la Revisión de la literatura, dos comentarios más. En algunas revistas, la Introducción y la Revisión de la literatura aparecen de forma combinada. Las cuestiones a responder, no obstante, son exactamente las mismas que hemos detallado en este subcapítulo y en el anterior. El segundo comentario es que, cuando critiques el trabajo de otros, hazlo con educación y exquisito respeto. Nunca digas cosas como: *Jaimito no hizo X, olvidó Y* o *se equivocó con Z*. Tampoco utilices adjetivos descalificativos como *pobre, erróneo* o *impreciso*. En su lugar, justifica que hicieran otra cosa, por ejemplo: *Jaimito se centró en la exploración de A, pero no consideró B*; o *Pepito asumió C, lo cual no es aplicable a nuestro caso porque…*; incluso *Los resultados de Menganito difieren de los nuestros probablemente porque…* Si lo haces de esta manera, no generarás (muchos) enemigos. Eso es bueno, sobre todo porque antes o después, Jaimito, Pepito y Menganito serán tus revisores.

Interludio

En este capítulo hemos repasado las secciones frontales de un artículo: el *abstract*, la Introducción y la Revisión de la literatura. En el siguiente describiremos el resto: Materiales y métodos, Discusiones, y Conclusiones. Habrás observado que redactar un artículo implica prestar atención a muchísimos aspectos. En efecto, no es fácil conseguirlo a la primera. Aun así, no te desanimes, la práctica hace al maestro. Todos hemos pasado por lo mismo y, si otros lo han conseguido, tú también puedes.

5. Macroestructura II: Secciones intermedias y finales

En el capítulo anterior hablamos del título, el *abstract*, la Introducción y la Revisión de la literatura. La redacción de esas primeras secciones suele implicar bastante más trabajo que escribir las restantes. También es habitual revisarlas y pulirlas bastantes más veces que las secciones posteriores. El investigador novel se preguntará por qué sucede esto. Al fin y al cabo, ninguna de las secciones del capítulo anterior describía realmente lo que hemos hecho en la investigación. Hasta el momento solo hemos explicado cuál era el problema, justificado su importancia y defendido que otras investigaciones previas no habían abordado el problema igual que nosotros. Pero, efectivamente, aún no hemos contado qué hemos hecho, cómo lo hemos hecho, ni qué resultados hemos obtenido. Por tanto, tal vez pueda parecer contradictorio: las primeras secciones del artículo no deberían ser tan determinantes. Pero aun así, lo son.

El motivo por el que el destino de un artículo suele estar decidido al acabar la Revisión de la literatura tiene que ver con nuestro instinto. Cuando alguien lee algo, tras las primeras páginas ya se ha formado una opinión. Las primeras impresiones son muy difíciles de cambiar. Si el artículo ha incurrido en algún error u omisión grave en las primeras páginas, las siguientes secciones no lo subsanarán. Por eso, empezar bien es absolutamente imprescindible.

Sin embargo, acabar bien también es necesario. En esta sección describiremos cómo se escriben y qué se escribe en cada una de las secciones intermedias y finales del artículo. Estas son principalmente los Materiales y métodos, las Discusiones, las Conclusiones, las Referencias y los Apéndices. También proporcionaremos algunas orientaciones acerca de cómo escribir otros tipos de artículos menos convencionales y cómo afrontar la redacción de propuestas de investigación. Por último, daremos unas pinceladas de qué diferencia la investigación cualitativa de la cuantitativa. Pero volvamos al artículo donde lo habíamos dejado. En el capítulo anterior acabamos con la Revisión de la literatura. Continuemos.

Materiales y métodos: métodos, no metodología

La sección de Materiales y métodos *(Materials and methods)* suele llamarse también Métodos de investigación *(Research methods)*. Ambos se refieren a exactamente lo mismo ya que la palabra «materiales» no se identifica exclusivamente con algo físico sino también con cualquier tipo de información (p. ej., bases de datos, algoritmos, experimentos) con los que desarrollamos la investigación. Lo que sí es incorrecto es llamar a esta sección Metodología. La metodología es la «ciencia de los métodos». Por tanto, salvo que estés proponiendo una forma totalmente nueva de hacer algo sin basarte en otro método existente, no estarás contribuyendo a la metodología, sino usando métodos.

La redacción de esta sección suele ser la más sencilla para el investigador. Lo es porque es la más cercana a lo que el investigador ha estado haciendo en las semanas precedentes: la propia experimentación. Es tan sencilla de escribir que, de hecho, muchos investigadores experimentados suelen dejar que la redacten sus alumnos para que ganen experiencia [55]. La realidad es que, aunque tal vez no debiera ser así, fallos moderados en esta sección no suelen ser motivo de rechazo. Si los revisores no concuerdan o desean saber más sobre cómo se hizo la experimentación, seguramente lo preguntarán. Es decir, un revisor que haya llegado hasta esta sección sin ánimo de rechazar el artículo, ya no lo hará salvo que detecte errores graves. Además, entender perfectamente los métodos empleados por otros suele ser bastante complicado. Si los resultados parecen coherentes, lo más probable es que los revisores no se pongan excesivamente puntillosos.

La forma de redactar los Materiales y métodos es lo más parecido a escribir una «receta de cocina». La idea subyacente es que debes ser lo suficientemente claro y preciso para que otros puedan replicar tus experimentos. Adicionalmente, lo normal es describir todos los pasos que condujeron a nuestros resultados como si hubiéramos sabido desde el principio que esos métodos iban a funcionar. En esta sección se trata de proporcionar detalles. Pero a veces hay autores que omiten información de forma intencionada para dificultar el progreso de su competencia. Esto tampoco debiera ser así, pero es parcialmente comprensible.

En cuanto a la estructura de esta sección, los Métodos de investigación suelen ser un compendio de subsecciones dependiendo del área y tipo de investigación. Estas son algunas de las más comunes:

- Esquema de la investigación *(method outline)*: es una sección preliminar y opcional que cuenta en unos pocos párrafos todos los pasos que seguiremos en la experimentación. Con esta subsección establecemos una hoja de ruta general para evitar que el lector se pierda antes de entrar en detalle. La mejor forma de empezar esta subsección es recordando de nuevo cuáles eran los objetivos de la investigación.
- Bases de datos/encuestas/experimentos *(datasets/surveys/experiments)*. En esta subsección describimos qué información hemos tomado y/o generado para disponer de evidencias de lo que queremos demostrar. También defenderemos que esta forma de hacerlo es la más adecuada. Aquí seguramente también incluiremos algunas tablas que describan cómo es nuestra información de partida o un resumen de la misma. La información completa seguramente se tendrá que presentar en los apéndices o en el material suplementario.
- Análisis de datos *(data analysis)*. En esta subsección explicaremos con detalle cómo procesamos toda la información paso a paso. Debe ser sintética, clara y estar bien ordenada. En ocasiones, esta sección incluye también algunas tablas y/o figuras que describen el proceso o pasos seguidos en forma de diagramas de flujo.
- Resultados *(results)*. Muchas revistas también presentan esta subsección como una sección independiente tras los métodos. Los Resultados explican los resultados (valga la redundancia) a nivel numérico (p. ej., sus órdenes de magnitud o estableciendo comparaciones). Sin embargo, aún no abordan sus posibles implicaciones a nivel más amplio ya que esto se deja para las Discusiones. Esta subsección también puede verificar o descartar hipótesis y suele incluir algunas tablas y/o figuras a modo de resumen. Cuando estas últimas se interpretan, se debe ser cuidadoso en no repetir simplemente lo que ya dicen textual o numéricamente las mismas, sino en explicar lo que realmente significan.

Una buena sección de Materiales y métodos, por tanto, debe ser clara (describir qué se hizo y qué se obtuvo), creíble (justificar por qué se hizo así) y completa (permitir replicabilidad) [55]. Un consejo de editor: escoge siempre los métodos de investigación más sencillos que permitan concluir lo que necesitas demostrar. Esto aplica especialmente a los métodos estadísticos. Con frecuencia se ve cómo algunos autores optan por técnicas muy avanzadas y complejas solo porque sus datos, sinceramente, no dan para más. Por tanto, diseña bien la experimentación y sé todo lo exhaustivo y generoso posible al recoger o generar información. De esta forma siempre tendrás margen de maniobra si algún revisor pide más detalles o cuando algunos resultados no sean tan concluyentes como creías.

Discusiones: significado e implicaciones de los resultados

Cuando un revisor llega a las Discusiones *(Discussion)*, ya está casi totalmente convencido de si va a aceptar el artículo (generalmente con cambios) o si lo va a rechazar. Como pasaba en los Materiales y métodos, tal vez esto no debiera ser así, pero es lo que suele ocurrir. Sin embargo, y paradójicamente, una gran cantidad de comentarios de los revisores suelen concentrarse en esta sección.

Las Discusiones reportan principalmente dos cosas: el significado y las implicaciones de los resultados. Cuando nos referimos a «significado» no nos referimos tanto a su aspecto cuantitativo, sino a su dimensión cualitativa, es decir, qué hemos conseguido demostrar con ellos. Con frecuencia también, y para poner en relieve qué cosas se han descubierto, es necesario comparar cómo nuestros resultados se alinean o contraponen con los de otros investigadores.

La segunda parte de las implicaciones se debe destinar a detallar qué importancia e implicaciones tienen nuestros resultados para la comunidad científica. La comunidad científica puede ser investigadores, profesionales, gobiernos, particulares, tal vez todos ellos, tal vez algunos de ellos o tal vez ninguno de ellos, pero siempre alguien de interés. Por importancia e implicaciones nos referimos entonces a lo que podrán hacer mejor gracias a lo que hemos descubierto.

La figura 5.1 refleja el ciclo habitual de una investigación. En particular, esta figura representa con mayor detalle el paso por el centro del cono que ya vimos en la figura 4.1. De forma resumida, cuando realizamos una investigación, recurrimos a un cuerpo teórico. A partir de él planteamos un modelo que simplifica (generalmente mucho) la realidad. Si está bien construido, no obstante, este modelo seguirá siendo representativo respecto de las variables que queremos medir. En la primera parte del artículo fuimos concretando y especificando gradualmente hasta acabar con un conjunto de observaciones puntuales. En la segunda parte del artículo hacemos el camino de vuelta: extrapolar y generalizar todo lo que hemos medido de un contexto muy localizado a uno más general. Empezando con los análisis y acabando con las Conclusiones, describiremos y justificaremos qué significan nuestros resultados para el cuerpo teórico del cual nuestro modelo no fue más que una particularización. En este proceso de generalización, las Discusiones son una parte fundamental.

Figura 5.1. Resumen de un proceso de investigación típico. Modificado de [56].

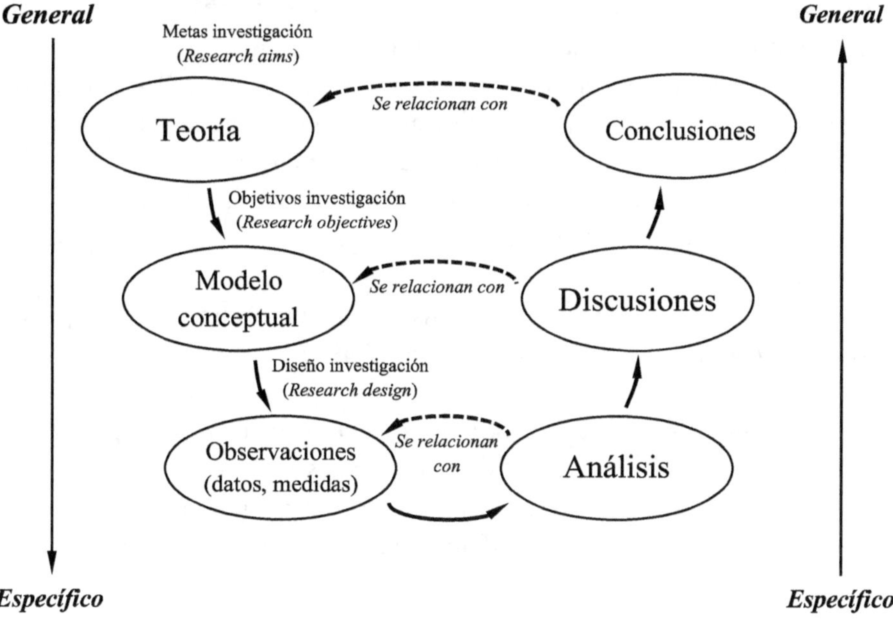

Además de reportar el significado e implicaciones de los resultados para la comunidad, en las Discusiones también es conveniente hacer otras cosas. La primera es comenzar esta sección con un párrafo que resuma los objetivos de la investigación. La segunda cosa (opcional) es proporcionar detalles o lecturas de los resultados secundarios. Estos suelen ser resultados colaterales, originales o inesperados que han captado la atención del investigador. Con frecuencia estos aspectos aparentemente accesorios pueden convertirse en futuras líneas de investigación. En cualquier caso, no es conveniente extenderse con estos resultados ya que a estas alturas el revisor suele estar cansado y su grado de atención es mucho menor. Por ello, en las Discusiones es conveniente buscar un equilibrio entre exhaustividad y brevedad.

Por último, a gusto del autor, las Discusiones pueden finalizarse con una mención de las limitaciones de los modelos o métodos de investigación utilizados. Estas limitaciones también pueden dejarse para las Conclusiones. En cualquier caso, después de declarar las limitaciones de la investigación, es conveniente justificar también por qué estas no son tan limitantes. Es decir, debes intentar defender nuevamente que aun con estas limitaciones, las lecturas e interpretaciones de tus observaciones siguen siendo válidas, aunque sea en un contexto más local. Si no lo haces, algún revisor podría atacarte por esta vía.

Los errores más comunes que suelen encontrarse en el apartado de las Discusiones son estos [57]: enfatizar o repetir innecesariamente los resultados, no profundizar y divagar excesivamente, no especificar las implicaciones para otros, o también, extralimitarse (abarcar demasiado). Los cuatro errores son habituales pero suelen ser fáciles de solucionar en revisiones posteriores.

En conclusión, unas buenas Discusiones deben reportar los siguientes contenidos en un orden similar al siguiente:

- Resumen del objeto u objetivos de la investigación (opcional).
- Significado de los resultados principales.
- Significado de resultados colaterales u originales (opcional).
- Implicaciones de los resultados para la comunidad científica.
- Limitaciones de la investigación (opcional).

Para finalizar, en ocasiones las Discusiones y Conclusiones se presentan bajo una misma sección. Puede hacerse, pero no debe ser la norma. El significado e implicaciones de los resultados suelen merecer su propio apartado. Cuando no es el caso, podría deberse a que no hay mucho que contar sobre los resultados. También podría deberse a que, o bien la importancia del problema, o bien el *Research gap*, no fueron bien delineados en la Introducción y Revisión de la literatura. Si es este el caso, antes de proseguir, habría que volver a esas secciones e intentar mejorarlas. Si no ves las implicaciones claras tú mismo, los revisores tampoco las verán. Esto es precisamente el motivo más importante por el que algunos de ellos podrían sugerir el rechazo de tu artículo a estas alturas.

Conclusiones: el *abstract* extendido

Un artículo científico o bien construye teoría *(theory-building)*, o bien comprueba teoría *(theory-testing)*. Si no hace ninguna de las dos cosas, es que no es un artículo. Cuando llegues a esta sección, ya debes saber qué tipo de artículo es el tuyo. Si no lo tienes claro, algo grave ha fallado en el proceso. Habría que volver a empezar. Literalmente.

Cuando los revisores llegan a las Conclusiones, la suerte está echada. Si antes de empezar las Discusiones tenían pocas dudas, al llegar a las Conclusiones *(Conclusions)* los revisores ya han decidido el destino de tu artículo. Es así porque esta sección principalmente repite información ya conocida. Las únicas cosas nuevas que podrían aparecer son las limitaciones y las futuras líneas de investigación, si es que no se incluyeron en las Discusiones.

Las Conclusiones son bastante fáciles de escribir. Mi consejo es hacerlas breves, aunque se diga que es la parte del artículo que más se lee después del *abstract*. Para escribir las Conclusiones debes seguir exactamente la misma estructura del *abstract*, pero sin repetir sus frases. Concretamente:

1. Existencia de un problema (de qué hemos hablado).
2. Importancia del problema (por qué era necesario estudiarlo).
3. Contribuciones previas insuficientes (qué *Research gap* hemos cubierto).
4. Qué hemos hecho (qué hemos propuesto exactamente).
5. Cómo lo hemos hecho (descripción somera de los métodos).
6. Cuáles son nuestros mayores hallazgos o descubrimientos *(findings)*.
7. Qué significado e implicaciones tienen nuestros resultados.

8. Resumen de las limitaciones de nuestros métodos.
9. Resumen de posibles futuras líneas de investigación.

Por no estar las Conclusiones sujetas a las mismas restricciones de espacio que el *abstract*, en ellas puedes dedicar dos o tres frases a cada uno de estos puntos. Aun así, intenta no extenderte. Lo que digas a estas alturas ya llueve sobre mojado.

Referencias

Hoy en día, casi todas las revistas tienen guías bastante claras en cuanto a cómo formatear las referencias así como el resto del artículo. Estas instrucciones suelen resumirse en la guía para autores de cada revista. En el apartado de la Revisión de la literatura ya comentamos cómo hacer una búsqueda adecuada de las referencias. En este apartado comentaremos otros aspectos accesorios.

En general, cuando se citan referencias, es mejor que la inmensa mayoría provengan de artículos de revistas indexadas. Algunas podrían referenciar también comunicaciones de congreso o libros publicados en *proceedings* o editoriales de prestigio. Los tipos de referencias que deben utilizarse con cuentagotas son las que citan fuentes no académicas como periódicos, reportes profesionales, revistas de divulgación o páginas web.

En general existen dos grandes estilos de referenciación y dentro de ellos numerosas subvariantes. Los dos grandes estilos se denominan Harvard y numérico. El estilo Harvard cita las referencias en el texto por medio del apellido de los autores seguido del año (p. ej., —*Ballesteros-Pérez, 2015*— o —*Fernández-García et al., 2004*—). La terminación *et al.* significa 'y otros' *(et alia)*. Según la variante del estilo, *et al.* se utiliza para abreviar cuando los autores son más de dos o tres. El sistema numérico, por otro lado, utiliza un número —generalmente entre corchetes— para referirse a las fuentes (p. ej., *[3]* o *[12-15]*). La ventaja del sistema Harvard es que los lectores saben de qué año son las referencias que están leyendo y quién fue el primer o primeros autores. La ventaja del sistema numérico es que es más compacto (ocupa menos palabras). Adicionalmente, las referencias Harvard suelen listarse por orden alfabético en la sección de referencias; mientras que las numéricas se listan por orden de aparición en el artículo.

Cada revista tiene preferencia por uno de estos sistemas y no se pueden mezclar. De cualquier forma, cuando tengas que escribir un artículo, utiliza un gestor bibliográfico. Intentar formatear las referencias manualmente es un quebradero de cabeza innecesario. Hoy en día existen gestores gratuitos que se aprenden a manejar en menos de cinco minutos. Un ejemplo es Mendeley, pero hay muchos otros.

Por último, la mayoría de las revistas suelen incluir algunas secciones «protocolarias» justo antes de las referencias. Un ejemplo son los Reconocimientos o Agradecimientos *(Acknowledgements)*, los cuales a veces diferencian entre reconocimientos y financiación recibida *(funding)*. Otros ejemplos son las secciones relativas a la divulgación de datos (las denominadas *Data disclosure* y *Data availability statement)*. Para rellenar estas secciones, lo más recomendable es simplemente seguir las instrucciones de la guía de autores al pie de la letra. Estas guías suelen ser bastante claras al respecto.

Apéndices y materiales suplementarios

Tras las referencias, algunos artículos suelen incluir uno o varios Apéndices *(appendices)*. Esta sección está generalmente destinada a mostrar datos, listados de abreviaturas, pruebas matemáticas o ejemplos que, dado su tamaño, si bien pueden ser importantes, se presentan por separado para no romper el flujo expositivo.

Por otro lado, los materiales suplementarios *(supplemental material)* están ganando mucha popularidad. Esto se debe a que con espacios de almacenamiento cada vez mayores, las revistas no tienen problemas con incorporar mucha más información de la que permiten los Apéndices.

Apéndices y material suplementario son opciones complementarias, es decir, un artículo puede tener ambas. No obstante, algo que debes tener en cuenta a la hora de elegir dónde presentar tu información auxiliar es que los apéndices forman parte del conteo de páginas y número de palabras. Es decir, los Apéndices son como cualquier otra sección del artículo. El material suplementario, por el contrario, puede tener cualquier extensión, pero no está sometido al proceso de revisión.

De cualquier forma, el objetivo de ambas opciones es el de incluir material que permita, entre otros fines, replicar la experimentación. Los revisores suelen ver con buenos ojos el que se incluya la información completa de la experimentación y los resultados procesados. Aunque no suelen hacer comentarios al respecto, hacerlo da sensación de transparencia y honestidad.

Otros tipos de artículos

En este capítulo y el anterior nos hemos centrado en describir cuál es la estructura de un artículo estándar. No obstante, hay otros tipos de artículos menos frecuentes cuya estructura puede diferir de la expuesta aquí. Los contenidos suelen ser relativamente similares, pero no el énfasis o el orden con que se presentan. A continuación revisaremos muy brevemente algunos de ellos:

— Cartas *(letters)*. Son miniartículos (entre dos y cuatro veces más cortos que un artículo convencional). A veces no tienen títulos de sección, pero siguen la misma estructura y contenidos que la de los artículos convencionales.
— Notas *(notes)*. Son artículos de alrededor de la mitad de extensión, que suelen reportar resultados menos potentes y/o inacabados. Dentro de estos también están las notas o informes técnicos *(technical reports/notes)*. Estos son artículos breves que generalmente describen nuevos métodos o procedimientos en algún campo técnico. Suelen disponer de secciones de Materiales y métodos más largas, pero a costa de recortar la extensión de otras.
— Artículos de revisión *(review papers)*. Hay muchas variantes de este tipo de artículo. Los más importantes son los metaanálisis *(metaanalysis)* y las revisiones críticas *(critical reviews)*.

Los metaanálisis sintetizan datos más bien cuantitativos de las publicaciones de un área o tema específicos. En ellos es común explicar qué autores o revistas publican artículos en una temática, qué grupos citan a otros, y qué subtemas están emergiendo. También hay que intentar extrapolar hacia dónde se moverá esa área o disciplina en el futuro. Para realizar un metaanálisis hay que utilizar herramientas estadísticas especializadas que no hemos tratado aquí, pero cuyo manejo no suele ser excesivamente complejo.

Para escribir una revisión crítica, por el contrario, sí hace falta ser un experto en el área. Las revisiones críticas analizan los problemas relevantes dentro de un área temática por grupos y tipos de artículos. Al hacer esto se suele indicar qué progresos se han realizado respecto del tratamiento de esos problemas y dónde está actualmente la frontera del conocimiento. También se suelen proponer conclusiones a partir de interpretaciones de los artículos revisados que no eran evidentes al analizarlos por separado.

Las diferencias entre metaanálisis y revisiones críticas son bastante evidentes. Los metaanálisis son análisis cuantitativos y altamente estructurados, mientras que las revisiones críticas son más cualitativas y entran en mucho mayor detalle. En cuanto a su estructura, los metaanálisis suelen seguir la estructura de un artículo convencional. Las revisiones críticas, por el contrario, suelen potenciar la Introducción, la Revisión de la literatura, las Discusiones y las Conclusiones. De hecho, pueden llegar a omitir completamente los Materiales y métodos o hasta los Resultados. En el fondo, una revisión crítica consiste básicamente en identificar muchos *Research gaps* y ponerlos en perspectiva. En cualquier caso, no aconsejo intentar publicar ningún tipo de artículo de revisión hasta ser un experto en esa área. Cuando lo seas, te aconsejo recurrir a libros más especializados que te enseñen cómo escribirlas y a ver cómo lo hicieron otros autores reconocidos antes que tú.

- Libros y capítulos de libro *(books and book chapters)*. Ambos pueden tener formatos de lo más variado en función de sus contenidos. Por ejemplo, hay libros cuyos capítulos son literalmente artículos científicos. En ese caso aplicaría todo lo detallado aquí. Hay otros libros y capítulos que se centran más en explicar contenidos técnicos (conceptos, taxonomías, ecuaciones, ejemplos de aplicación, etc.). Estos son mucho más prescriptivos y en ocasiones se asemejan a manuales con orientación pedagógica. Cuando decidas escribir un libro, lo primero es decidir qué tipo de libro quieres escribir. Ten en cuenta que escribir cada capítulo se acerca al esfuerzo requerido para escribir un artículo. La inversión de tiempo puede ser considerable. No obstante, en el momento apropiado de tu carrera puede ser una empresa bastante gratificante y fuente de futuro reconocimiento profesional.

— Existen otros tipos de artículos: editoriales *(editorials)*, revisiones de libros *(book reviews)* y cartas al editor *(letters to the editor)*. Estos suelen ser artículos de opinión (informada, eso sí), los cuales suelen escribirse por invitación. Hasta que no tengas cierta reputación en tu campo es probable que no recibas muchas invitaciones de este tipo. En el caso de que te soliciten alguna, puedes consultar este libro [58] para aprender más sobre ellos.

Propuestas de investigación

Enseñar a escribir propuestas de investigación podría ocupar otro libro como este. No quiero extenderme en detalles, pero sí dar algunos consejos importantes. Las propuestas de investigación suelen adherirse a unas plantillas y a una extensión máxima que el investigador no puede obviar. Los nombres de las secciones de estas plantillas suelen ser de lo más variopinto, pero en el fondo solicitan que respondas las mismas cuestiones que ya vimos en la figura 4.1. Cuando estudies la plantilla, simplemente encuentra el paralelismo entre lo que pide cada sección y lo que hemos detallado en este capítulo. Observarás que es relativamente fácil escribirlas si sigues el mismo orden propuesto aquí.

Adicionalmente, las propuestas de investigación suelen tener otras secciones como cronogramas, presupuestos, responsabilidades del equipo de investigación y currículum de los investigadores principales. Mi sugerencia es no escribir estas (salvo los currículos) hasta haber escrito la parte principal de la propuesta. Cuando presentes propuestas en lengua inglesa, esta parte suele llamarse el *case for support*. Una vez sepas exactamente lo que quieres proponer en él, será infinitamente más fácil planificar, presupuestar y asignar responsabilidades. Hacerlo al revés es como escribir un artículo sin haber escrito antes el *abstract*. Puede hacerse, pero te costará mucho más tiempo y esfuerzo.

El último aspecto a destacar es poner especial dedicación en la escritura académica de la propuesta. En el capítulo 2 proporcionamos muchas estrategias para escribir clara, breve y elegantemente. En las propuestas de investigación, una escritura clara y ágil cobra especial relevancia, ya que la mayoría de los evaluadores revisarán las propuestas en un tiempo muy reducido. Si tu propuesta es fácil de leer, es mucho más probable que la entiendan a la primera y que lleguen a financiarla.

La regla es clara: lo que escribes siempre es leído por personas, no por máquinas. Pónselo muy fácil. Si quieres encontrar muchos más detalles sobre cómo escribir propuestas de investigación, te aconsejo este libro: *The Research funding toolkit* [52].

Consideraciones finales (I): consejos de autoedición

Has acabado el primer borrador de tu artículo. Enhorabuena. Si lo has hecho bien, ya has completado el 90 % del trabajo. El 10 % restante lo terminarás cuando edites (seguramente varias veces) tu primer borrador. Te dije que era conveniente alejarse de este al menos una semana. Si crees que está presentable, puedes compartirlo entonces con tus coautores. Sin embargo, yo prefiero no hacerlo hasta haberlo editado algunas semanas después. Cuando uno acaba de redactar la primera versión, aun cuando la lea varias veces, es frecuente no detectar muchos de sus errores. Dejar enfriar el primer borrador también te ahorra el tiempo de no tener que incorporar las sugerencias de tus coautores que tú mismo podrías haber subsanado. En el siguiente capítulo nos centraremos precisamente en esto: en cómo trabajar con coautores.

Pero, ¿cómo realizar una buena autoedición? La mejor forma de pulir el texto, acortar y partir oraciones, eliminar partes sobrantes y clarificar las ideas, implica una lectura detallada de todo el artículo. Al autoeditar hay que evitar caer en dos trampas. La primera es ver en el texto lo que en realidad no dice. Como ya explicamos, la forma de evitar esta trampa es esperar un tiempo antes de editarlo. Solo así conseguiremos leerlo como si no lo hubiéramos escrito nosotros. También conseguiremos ver lo que no hemos explicado con suficiente claridad o en el orden adecuado. En seis semanas, estos errores se hacen bastante más evidentes.

La segunda trampa a evitar tiene que ver con la visualización del texto. La mayoría de errores de fluidez pueden identificarse y repararse al esperar unas semanas antes de editarlo. Pero los errores tipográficos y los de puntuación tienen mucho que ver con el formato y la organización del texto. Frecuentemente, estos errores no los detectamos porque ocurren cerca del final o el principio de una línea. Un ejemplo habitual es no ser capaz de detectar palabras omitidas o duplicadas (p. ej., dos «que», uno al final de una línea y otro al principio de la siguiente).

También es habitual tener dificultad en encontrar errores tipográficos que han cambiado el significado o género de las palabras. En estos casos, nuestro corrector ortográfico no los detecta.

Hay dos estrategias para mejorar las posibilidades de detectar estos tipos de errores [59], [60]. La primera es cambiar ligeramente el ancho de línea del texto. De esta forma, los errores que caían al principio o al final de línea quedarán más expuestos (centrados en las nuevas líneas). La segunda estrategia es escuchar en voz alta el texto. Es conveniente que no seas tú mismo el que lo leas, ya que podrías leer lo que crees ver, no lo que realmente dice. Afortunadamente, muchos procesadores de texto como Microsoft Word incorporan utilidades como «Leer en voz alta». Cuando lo pruebes en tu revisión final, te asombrarás de la cantidad de errores de puntuación que pasaron inadvertidos. También detectarás muchas oraciones que no sonaban de forma natural puesto que sus palabras (especialmente adverbios) no estaban en un orden adecuado.

Consideraciones finales (II): investigación cualitativa

En estos dos capítulos hemos descrito cómo se escribe un artículo. No obstante, hemos dado por supuesto que estábamos reportando investigación eminentemente cuantitativa. ¿Qué diferencias tienen entonces los artículos cualitativos frente a los cuantitativos? Principalmente tres [61]:

— En investigación cualitativa, los investigadores tienen que construir un caso *ad hoc* para responder claramente a la pregunta de su investigación *(research question)*. También deben motivar la necesidad de su trabajo más fuertemente que investigadores cuantitativos. Por tanto, la Introducción del artículo suele ser más laboriosa, especialmente a la hora de delinear los marcos teóricos utilizados.
— En investigación cualitativa no existe común acuerdo en qué constituyen métodos y análisis aceptables. Un aspecto distintivo de este tipo de investigación es su anclaje al fenómeno estudiado. El viaje para descubrir ese fenómeno suele ser único y generalmente no lineal. Los métodos aplicados son totalmente particularizados al problema de estudio.

— La investigación cuantitativa requiere preparación cuidadosa y ejecución al pie de la letra de un plan generalmente preestablecido. La investigación cualitativa implica principalmente explorar y conectar ideas. El camino puede ser tortuoso y lleno de sorpresas. De hecho, es frecuente en la investigación cualitativa que descubrimientos parciales o tempranos cambien totalmente la dirección del artículo. Hay que estar preparados.

Los investigadores cuantitativos no suelen publicar investigación cualitativa y viceversa. Ambos tipos de investigación requieren habilidades distintas. En ciencias e ingeniería, por ejemplo, la aplastante mayoría de investigación es cuantitativa (positivista), no cualitativa (interpretativista). Por eso, si piensas desarrollar investigación cualitativa, tal vez quieras ampliar tus conocimientos. Existen muchos libros especializados a este respecto, pero te recomiendo los indicados en las siguientes referencias [62], [63].

BLOQUE III:

TRABAJANDO CON OTROS

6. Endoesqueleto:
Coautores, grupos y universidades

En mi rol como editor he tenido la oportunidad de conocer a muchos otros editores. Algunos me los he encontrado en conferencias. Con otros he coincidido en cursos de formación. Con unos he compartido algunas cervezas y largas conversaciones. Con otros simplemente varios correos electrónicos a lo largo de los años.

Si hay algo que he aprendido sobre cómo son los editores son tres cosas. La primera es que la mayoría de ellos son gente totalmente normal. Algunos pueden llevar publicados más de trescientos artículos y haber ganado más proyectos, premios y reconocimientos de los que yo podría ganar en diez vidas. No obstante, son personas de trato fácil y conversación amena. La segunda es que estos editores realizan su trabajo de forma altruista, pero con gran profesionalidad. Algunos cobran un pequeño estipendio por realizarlo. Pero ese estipendio suele ser ridículo comparado con la cantidad de horas que requiere el trabajo de editor. Consideran que ocupar este puesto es tanto un reconocimiento como una responsabilidad. Sin editores, no podrían existir las revistas, al menos no como las entendemos hoy en día. De esto hablaremos más adelante. La tercera y última es que, aparte de las dos primeras cosas, no tenemos nada más en común. Los editores somos muy distintos los unos de los otros, en cuanto a personalidad y en cuanto a cómo entendemos la Academia.

De todos estos editores, uno que se convirtió en un buen amigo fue el profesor Will Hughes. Will era una persona bastante peculiar. Él fue el primer editor jefe de la revista de la que soy editor hoy en día (*Construction Management and Economics*). Fue él también el que me recomendó para el puesto a sus sucesores. Sin duda aprendí muchas cosas de él, no solo acerca de cómo ser editor, sino también de cómo ser mejor académico. Para reunirte con Will en su oficina, debías de acceder a una página web y consultar su horario. Si tenía algún hueco libre, pedías cita por internet normalmente con días de antelación. Sus citas tenían una duración de media hora como mucho porque, según él, no tenía tiempo infinito. Will era muy inteligente, muy trabajador y también era muy, muy sincero.

Will pensaba, y no tenía pelos en la lengua en repetirlo en presencia de sus colegas, que la Academia solía atraer a gente «rara». No rara necesariamente en el mal sentido, pero sí gente con rasgos de personalidad inusuales o algo extremos. Cuando le escuché por primera vez decir esto, me pareció que exageraba. Con el paso de los años creo que tenía bastante razón. Los investigadores y académicos somos gente de lo más variopinto, pero casi todos somos un poco —y algunos bastante— raros. Aprender a gestionar nuestras rarezas y destrezas, así como las de otros es precisamente lo que hace que trabajar en este ambiente sea algo desafiante y gratificante.

Este capítulo y el siguiente te proporcionará algunas claves para interactuar más eficientemente con los demás en el contexto académico. No puedo decir que esto será algo fácil, ni siquiera tras leer estos dos capítulos. Pero a medida que entiendas las motivaciones y expectativas de los demás, será mucho más fácil hacer bien tu trabajo y alcanzar tus propios objetivos. Concretamente, en estos dos capítulos hablaremos de algunas «partes interesadas» de la investigación. Las partes interesadas son un grupo bastante amplio y diverso: coautores, revisores, editores, evaluadores, grupos y centros de investigación, universidades, revistas, agencias de investigación, etc. En este capítulo hablaremos de los coautores, grupos y centros de investigación, así como de las universidades. Estas partes interesadas se distinguen del resto porque, en principio, tienen unos intereses más alineados con los tuyos. Es decir, si tú publicas más artículos y ganas más proyectos de investigación, también es bueno para ellos. Generalmente, este no es el caso de otras partes interesadas que veremos en el siguiente capítulo. De cualquier forma, no me extenderé demasiado ya que hay muchas partes interesadas y la mayoría son entes complejos, multipropósito y muy heterogéneos. No obstante, sí destacaré cómo pueden ayudarte u obstaculizar tu carrera profesional.

Antes de proseguir, un consejo. Este aplica a la vida en general, pero en la Academia se ha convertido en un mantra para mí: «En la vida, o bien dices lo que te da la gana, o bien haces lo que te da la gana; pero generalmente no las dos cosas a la vez». En tu trabajo como investigador debes pensar dos veces las posibles repercusiones de tus palabras y acciones. Si alguna de ellas se puede volver en tu contra, es mejor no tomar ese curso de acción. La educación, la honestidad y tener mano izquierda te ayudarán muchísimo. En la Academia hay muchos y grandes egos. Ir frontalmente contra ellos solo te traerá problemas. Por tanto y por defecto, aunque seguro que tú también tendrás tu propio ego, recuerda que no se trata de demostrar a los demás que tienes razón, sino de conseguir lo que quieres. Como decía Baltasar Gracián en *El arte de la Prudencia* [64]: «Obra con intención; con primera y con segunda intención». Comencemos por las partes interesadas que están más alineadas con tus intereses: los coautores de tus artículos.

Coautores

Seguramente habrás escuchado alguna vez la frase «pastorear gatos». Gestionar los coautores es exactamente eso. Los académicos somos gente con personalidades e intereses muy diversos. Además, estos intereses pueden ser cambiantes en el tiempo, incluso a muy corto plazo. Por si esto fuera poco, muchos académicos no dicen abiertamente lo que esperan de ti, si es que esperan algo.

Cuando leas libros sobre cómo escribir artículos científicos te dirán que tus coautores pueden ayudarte a hacer estas cosas:

1. Evitar errores de diseño en la experimentación.
2. Revisar/reescribir tu borrador y posiblemente mejorar tu inglés.
3. Suavizar tus respuestas a los revisores.
4. Devolverte el favor con futuras publicaciones.

Bien, esto es la teoría. La realidad suele parecerse bien poco a esto. Déjame hacer una clasificación de los coautores para mayor claridad.

En general, existen dos tipos de coautores: los que tienen auténtica experiencia investigadora y saben publicar artículos; y los que no. Los del primer grupo tienen muy poco tiempo para aceptar nuevos compromisos. Eso sí, los hay que te lo dirán abiertamente y sabrás que no puedes contar con ellos desde el principio. Pero también están los investigadores experimentados que, bien por evitar decepcionarte, bien porque aún piensan ingenuamente que «el mes que viene sí tendrán tiempo», rara vez rechazan una coautoría. Estos últimos son los que cuando realmente les necesitas, tardan meses en hacer su pequeña parte de trabajo, si es que la hacen. Los mismos que cuando la hacen, te hacen preguntarte si para lo que han hecho, valía la pena esperar tanto.

Si quieres colaborar con académicos con cierto renombre y que además te dediquen tiempo de calidad, solo hay una vía: captar gradualmente su atención y perseverar. Si son gente reconocida en su campo, un investigador novel para ellos no es más que un agujero negro de tiempo; alguien que les distrae de hacer investigación realmente interesante. Si además no eres de su universidad, tu situación de partida será todavía más desfavorable. El tiempo que te dediquen a ti tendrán que robárselo a sus obligaciones laborales. Cuando esto ocurre, no debes sorprenderte de que tus peticiones caigan al fondo de su lista de prioridades.

No obstante, esto puede cambiar. Si consigues demostrarles que: uno, eres competente; dos, eres fiable; y tres, haces investigación muy relacionada con su área; es probable que con el paso del tiempo te hagan caso. Por supuesto los habrá que te seguirán decepcionando. Es conveniente deshacerse de esos. También es probable que para cuando algunos coautores más experimentados te hagan caso, ya no los necesites para nada. Pero también es probable que la simbiosis con alguien reconocido en tu campo dé muchos otros frutos con el paso del tiempo. ¿A qué frutos me refiero? A que, además de publicar algunos artículos juntos, esa persona te invite a ser evaluador de proyectos o a dar cursos en su universidad; a hacer alguna estancia o sabático; o a ponerte en contacto y recomendarte a sus contactos. Contar con el apoyo de alguien importante te abre puertas mucho más rápidamente que el simple y constante esfuerzo personal.

Por otro lado, están los coautores que tienen poca experiencia y aún no saben publicar artículos de forma autónoma. De estos también existen dos tipos, aunque ahora los vamos a clasificar por su nivel de compromiso. Fíjate que no he dicho nivel de «entusiasmo», ni tampoco «necesidad» de publicar. Dentro de los coautores con poca experiencia hay una gran mayoría que se entusiasma fácilmente con la posibilidad de escribir artículos con otros. También los hay que tienen una gran necesidad de publicar para conservar su trabajo o promocionar. Pero que estén entusiasmados y/o que necesiten publicar es poco indicativo de lo que realmente aportarán como coautores.

Entonces, la pregunta del millón es: ¿cómo distinguir los potenciales coautores que podrían comprometerse y ayudarme de verdad a escribir artículos? La respuesta es: no puedes. No hay forma humana de anticipar si cualquiera de tus coautores dará fruto. La única forma de identificar los buenos coautores es por prueba y error. Pero cuando encuentres buenos coautores, no los pierdas. Te aseguro que hay pocos.

Aun así, la experiencia me ha enseñado bastante a evitar problemas cuando trabajo con otros al escribir artículos. Podríamos decir que estas son algunas reglas que se derivan de unos hechos universales del trabajo con coautores:

Hecho 1: el primer autor es el que realiza el 90 % (o más) del trabajo. Si no estás de acuerdo, no seas el primer autor, pero así es la vida. Eso sí, si lo eres, tú eres el que debes decidir el orden de aparición de tus compañeros y cuántos merecen ser realmente coautores. Cuando tomes estas decisiones, lo mejor es que seas honesto contigo mismo y con los demás. La redacción del propio artículo, por ejemplo, supone una gran cantidad de trabajo. Aunque uno haya realizado toda la experimentación y trabajo de campo, la redacción del artículo final puede tomar más tiempo que realizar la investigación en sí misma. Esto lo entenderás cuando seas tú el que escribas el artículo, te lo rechacen, tengas que reescribirlo, reformatearlo y, si tienes suerte, te pidan cambios y los tengas que implementar. De cualquier forma, cuando uno es un autor inexperto y necesita decidir el orden de los coautores, lo mejor es consultar a sus supervisores. Estos suelen ser personas razonables, dialogantes y flexibles.

Hecho 2: el orden de los autores importa, que no te engañen diciéndote lo contrario. Los hay que pueden intentar convencerte de que en tal o cual revista, o en su departamento, los autores se listan por orden alfabético. No es verdad. Sí hay revistas que permiten indicar varios «autores de correspondencia» y alguna incluso varios «primeros autores». Sin embargo, al final solo el apellido del primer autor en la lista de coautores es el que aparecerá seguido del *et al.* cuando lo citen otros. Ese es el mayor reconocimiento. Los demás son premios menores, aunque generalmente suficientes para personas que no han hecho tanto trabajo como el primer autor.

Hecho 3: ser autor de correspondencia *(corresponding autor)* es un rol delicado y requiere una persona responsable. Algunos entes de evaluación le dan casi tanta importancia como ser el primer autor, pero su función es muy distinta. La persona que lo ocupe debe ser fiable y preferiblemente con empleo y cuenta de correo estables. Esto quiere decir, por ejemplo, que un estudiante no debería ser autor de correspondencia. Es así porque las cuentas de correo de estos pueden desaparecer al final de sus estudios y también porque sus intereses profesionales son mucho más cambiantes que los de los supervisores. Además, cuando la revista responda pidiendo cambios, el estudiante podría haber perdido el interés en publicar y seguir trabajando en la investigación. El autor de correspondencia, por tanto, debe ser una persona con accesibilidad e intereses estables.

Conociendo estas reglas, ¿cómo debemos elegir a nuestros coautores? Hay tres criterios de prelación, hasta que consideres que tienes «suficientes» (o «demasiados») coautores:

1. Los que pueden aportar algo de valor.
2. A los que se lo debes.
3. Las apuestas de futuro.

Los del primer grupo son los que pueden complementar algún conocimiento que te falta a ti. Estos son los más delicados porque realmente deben trabajar en el artículo para que salga adelante. Hay que implicarlos en las etapas iniciales. Si ves que no responden, deshazte pronto de ellos y busca otros.

Los del segundo grupo son gente que tal vez te puso a ti en sus artículos y/o que te hicieron algún favor importante. Tal vez no sea políticamente correcto decir esto en un libro, pero tener una actitud colaborativa y compartir coautorías puede ayudarte a la larga, incluso cuando seas tú el que más artículos publica.

Los del tercer grupo son tus «inversiones». Pueden ser las destinadas a esos investigadores con mucha experiencia que aún no te hacen mucho caso. Podría suponer invitar también a alguien que a la larga pueda ayudarte a conseguir un empleo más estable y/o más prestigioso. Al invitar a estas personas no estás «regalándoles» un artículo más para su currículum (el cual probablemente ni siquiera necesitan), te sirve para que conozcan qué haces y cómo trabajas. Esta es la mejor forma de venderse.

Para terminar, quiero dar dos consejos más sobre cómo trabajar con otros. Son solo dos, pero harán tu vida mucho más sencilla. Con los coautores con los que trabajes estrechamente seguramente tendrás pocos problemas. Estos ya te conocerán y te responderán con cierta velocidad a cualquier cosa que les pidas. Los problemas suelen provenir de los coautores que no están tan involucrados en tus artículos. Si realmente no los necesitas porque pertenecen al grupo 2 y 3 del listado anterior, opera de esta manera:

Principio 1: Haz el listado y orden de los coautores explícito desde el primer borrador que compartas con ellos. No obstante, menciónales que ese orden podría sufrir cambios bajo tu criterio en función del trabajo eventualmente realizado por cada coautor. Cuando los coautores tienen una idea clara del orden que ocuparán desde el momento inicial, estos también suelen responder con una cantidad de trabajo proporcional a esa posición. No obstante, algunos coautores podrán incluso exceder tus expectativas. Si por el contrario te defraudan, al menos no detendrán el progreso del artículo.

Principio 2: Cuando compartas borradores del artículo con tus coautores y especialmente cuando estés respondiendo a cambios de revisores, indica que si no sabes de ellos en una cantidad X de días (pon tú la cantidad) entenderás que todo está perfecto. Así no te quedarás esperando. El coautor que quiera participar, lo hará. En su defecto, los que no puedan responderte pero tengan interés, te avisarán para solicitarte más tiempo. Trabajar de esta forma evita muchos malentendidos.

Un último par de apuntes. Las revistas no suelen poner límite al número de coautores dentro de límites razonables. Una vez hubo un artículo con 2926 autores [65], pero esto no es frecuente. No obstante, cada disciplina puede ser muy distinta en cuanto al número promedio de autores (desde uno hasta varias decenas). Aun así, cuantos menos coautores, mejor suele ser la valoración que terceros hagan respecto de cuánto ha contribuido cada coautor. El movimiento más inteligente es averiguar si en la evaluación a la que eventualmente te someterás como investigador, el número de autores es algo importante. Si a partir de un número de coautores la puntuación obtenida por haber publicado un artículo se reduce, intenta no invitar a más de ese número. Aun así, si eres el primer autor seguramente esto no tendrá mucha relevancia. En este caso gran parte del reconocimiento seguirá siendo tuyo.

Por último, hay algunas revistas que permiten especificar los tipos de contribuciones de los coautores. Estos suelen indicarse en un breve apartado cerca de los reconocimientos situado al final del artículo. Para algunas universidades estas atribuciones puede que tengan alguna relevancia, pero me atrevería a decir que para la inmensa mayoría no sirven para nada. Si una revista te da esta opción, por supuesto intenta ser sincero al rellenarlo, pero no pierdas mucho tiempo. Como te digo, casi nadie presta atención a otra cosa que no sea el orden y la cantidad de los autores.

Grupos y centros de investigación

Cuando muchos investigadores empiezan a escribir sus primeros artículos, algunos de ellos se plantean formar parte de grupos o centros de investigación. Creen que podrán beneficiarse de ciertas sinergias o de trabajar con otros investigadores con los que, tal vez, puedan publicar más.

Hay otros investigadores que son contratados desde el primer momento por centros de investigación bajo algún proyecto de investigación. Este tipo de empleos suele ser menos estable. En la Academia es poco habitual entrar por la puerta grande. Casi todos tenemos que trabajarnos el camino hacia arriba. Como decían mis supervisores, conseguir un puesto estable y decentemente pagado en la Academia es una carrera de fondo.

No obstante, es común que ambos tipos de investigadores acaben sufriendo cierta sensación de rechazo hacia estos grupos y centros. Los que acudieron a ellos de *motu proprio* esperando publicar más, se dan cuenta de que no consiguen hacerlo. Cuando se les pregunta, estos suelen aducir que los investigadores de ese centro «no les hacen mucho caso». Por otro lado, los que fueron contratados por el propio centro se dan cuenta de que son un número más, que solo quieren su trabajo y que velan poco por su futuro. Ambos tipos de investigadores no han entendido bien para qué sirven los centros de investigación.

A diferencia de los centros, los grupos de investigación suelen corresponderse con una cantidad reducida de personas con poca o ninguna infraestructura. Muchos de ellos se crean para tener un currículum conjunto lo suficientemente potente como para poder concurrir a convocatorias o ayudas públicas de investigación. Grupos de investigación los hay buenos y malos. Todo depende de sus integrantes.

Los centros de investigación suelen ser grupos de muchos más investigadores, generalmente dotados de personal administrativo y gerencial, y que además sí suelen tener infraestructura y líneas de trabajo estables (*v. gr.*, edificios, laboratorios, equipamiento avanzado, convenios con empresas). El objetivo de los centros de investigación es desarrollar investigación y generar un avance del conocimiento en algún campo o aplicación concretos. Los investigadores que forman parte de estos centros suelen dedicar gran parte o incluso toda su jornada laboral a desarrollar precisamente estas labores.

Lo que generalmente suelen tener en común, tanto los grupos como los centros de investigación, es que su personal más valioso (los que publican de verdad) suele estar altamente comprometido con la investigación que desarrolla. Estos grupos y centros tienen poca o ninguna vocación pedagógica. Se espera que los que forman parte de ellos, trabajen y sean competentes. Ellos no tienen por qué, ni de hecho deben detenerse a enseñar a nadie.

Subirse a un grupo y/o centro de investigación es como subirse a un tren que se mueve a gran velocidad. Si tienes la capacidad de mantenerte a bordo, pueden llevarte muy lejos. Los centros en particular suelen tener recursos a los que investigadores aislados no pueden acceder. Eso sí, si no aportas a dicho centro, lo más probable es que salgas despedido o te quedes atrás más pronto que tarde.

La forma de aportar a un centro o grupo de investigación es realmente siendo bueno en tu área y/o teniendo cierto talento para atraer recursos (económicos generalmente). Si no tienes aún el nivel necesario y/o conseguir proyectos no está en tu lista de prioridades, unirte a un grupo o centro de investigación puede no ser tu mejor opción. Si te contrata uno de estos centros como investigador novel, debes saber que el trabajo que realizarás será seguramente de no muy alto nivel al principio. Probablemente tampoco será ni muy gratificante ni tampoco reconocido hasta que pruebes tu valía.

¿Qué alternativas tienen entonces los investigadores noveles? Empezar en solitario (con tus supervisores) y/o con un pequeño grupo generalmente informal. Si con el tiempo os va bien, podréis considerar conformaros «oficialmente» como grupo de investigación. Si por el contrario, no necesitáis grandes recursos ni infraestructuras para desarrollar vuestra investigación, lo mejor es mantenerse como un simple grupo. Cada área de investigación es diferente y las aspiraciones de cada investigador también. En ocasiones, más vale ser cabeza de ratón que cola de león.

Sin embargo, cuando te plantees unirte a o crear tu propio grupo de investigación ten presente varias cosas. Muchos de ellos suelen fracasar porque, como decíamos antes, trabajar con otros académicos es difícil. Además, los intereses y expectativas de sus integrantes suelen ser tan heterogéneos como el grado de compromiso de sus miembros. Los grupos más exitosos suelen ser aquellos que combinan individuos con destrezas complementarias: una persona que es habilidosa escribiendo y vendiendo nuevas ideas, otra persona que tiene talento para ejecutar las ideas en la práctica, otra persona que es buena administrando y consiguiendo recursos, etc. Si todos hacéis cosas similares y si no tenéis ganas de aprender cosas nuevas, lo más probable es que vuestro grupo no llegue muy lejos.

Pero no te desanimes. Antes de que encuentres a tus almas gemelas en la investigación, seguramente trabajarás con muchas personas. Trabajando con otros siempre se aprenden cosas. No es conveniente desanimarse ni dejar de intentarlo. Si perseveras, al final encontrarás esa gente de la que aprenderás muchas cosas y que te harán llegar mucho más lejos de lo que habrías llegado por ti mismo.

Universidades

Terminaremos con unas notas sobre las universidades. Las universidades suelen ser los empleadores de mayor tamaño en los ecosistemas de investigación de un país. Gran parte de los grupos y centros de investigación suelen formar parte, o al menos estar asociados, a una o varias universidades. Casi todos ellos también suelen ocupar instalaciones o espacio físico de las propias universidades.

El objetivo de la universidad es tanto generar conocimiento como divulgarlo a la sociedad. De generarlo se encargan sus académicos, tanto a título individual, como los que forman parte de grupos y centros de investigación. De divulgarlo se encargan también académicos que forman a los estudiantes que cursan titulaciones de grado y posgrado. Hay académicos, por tanto, que tienen una mayor vocación investigadora y otros que tienen mayor inclinación por la docencia. No hay nada malo *a priori* en ninguna de las dos opciones y con frecuencia los académicos realizan ambas. Sin embargo, la tendencia de casi todos los países es la de pagarte un salario por impartir docencia, pero promocionarte por investigar. Esto se entiende mejor cuando se conoce de dónde reciben estos organismos su financiación.

Los recursos económicos de las universidades suelen provenir de tres fuentes principales: de las matrículas que pagan los alumnos, de ayudas autonómicas o del gobierno, y de proyectos de investigación. El porcentaje de estos recursos también suele ser decreciente en este mismo orden.

Respecto de los ingresos por matrículas, la cantidad de estudiantes suele suponer un flujo relativamente regular de ingresos. Cuando se crean nuevas carreras, hay otras que van perdiendo popularidad. Muchas universidades tienen un público relativamente cautivo: los jóvenes locales que no quieren irse a vivir fuera de su ciudad o región para cursar sus estudios universitarios. Por tanto, los ingresos por matrículas no suelen variar mucho a corto plazo.

Las ayudas autonómicas o del gobierno por otro lado, también suelen ser relativamente estables a largo plazo, aunque con ciertos altibajos cuando se comparan interanualmente. Entonces, la única fuente que les puede ofrecer una ventaja competitiva a las universidades son los recursos obtenidos por la investigación que desarrollan.

Cuando un investigador que trabaja para una universidad gana un proyecto de investigación, este proyecto suele tener una dotación de gastos generales o indirectos. Estos gastos suelen oscilar entre el 20 % y el 40 % del presupuesto total del proyecto. Con estos gastos, la universidad no solo consigue mejores infraestructuras y contratar a nuevos investigadores bajo dichos proyectos. También consigue pagar los salarios de muchos técnicos de investigación y administrativos que desarrollan su trabajo dando soporte o coordinando otros proyectos. Por tanto, las universidades quieren y cada vez necesitan más este dinero. Es la mejor vía para conseguir un crecimiento institucional. No es tan raro pensar entonces que aquellos académicos que consigan más recursos de investigación serán también los que más promocionen. Sabiendo esto, ya sabes dónde debes invertir tus esfuerzos si realmente quieres escalar en el escalafón académico.

Consideraciones finales

Trabajar con otros y para otros no es fácil. Sigue sin ser fácil aun cuando estas partes interesadas tienen intereses relativamente alineados con los tuyos (como es el caso de coautores, grupos, centros y universidades). La honestidad y claridad deben ser siempre tu mejor política. Tener capacidad de anticipación y conocer cuáles son los objetivos y expectativas de los demás, también te permitirá aprovechar mejor sus recursos e impulsar tu carrera. En el siguiente capítulo veremos cómo manejar otras partes interesadas cuyos intereses ya no estarán tan alineados con los tuyos. Conocer su forma de operar será todavía más importante. Es necesario que aprendas a tratar con ellas, ya que solo con ellas conseguirás publicar tu investigación y recibir los recursos económicos para desarrollarla.

7. Exoesqueleto:
Revisores, editores, revistas y agencias

Pedro acaba de levantarse. Son las siete y cuarto de la mañana. Esta noche ha dormido bastante bien. Ha tenido suerte. Lleva una temporada en la que le costaba algo conciliar el sueño. Hoy, sin embargo, se siente despejado. Eso sí, se ha despertado pronto y lleva más de una hora dando vueltas en la cama. Para sus adentros piensa por qué ha cometido el error de consultar el correo en el móvil antes de levantarse. Su esposa se lo ha dicho mil veces: «Si ves que tienes algún *email* importante ya no podrás descansar». Efectivamente había varios. Concretamente, diez nuevos desde anoche a las 23:00. Pero solo dos le preocupaban un poco más. Provenían de sus compañeros y sabía perfectamente lo que decían sin necesidad de abrirlos.

Los correos que Pedro ha visto pero no abierto le preguntan cuándo acabará la parte de la propuesta de investigación que se comprometió a escribir. Recuerda que el plazo para la entrega de esa propuesta cierra en dos semanas. Para sus adentros piensa que les dijo que intentaría hacerlo a finales de la semana pasada. Fue imposible. Tuvo que poner un examen a ochenta alumnos y corregirlo durante el fin de semana. Cuando volvió el lunes perdió más de tres horas en subir las calificaciones a la nueva plataforma de actas que ha instaurado la universidad. Cuando al fin consiguió subir las notas, aparecieron dos estudiantes. Uno no estaba conforme con la calificación que había recibido («¿Cómo se enteran tan rápido?», pensó Pedro). Pedro necesitó casi una hora para convencerlo de que no merecía más puntuación. Eso sí, no sin antes haber revisado el examen pregunta por pregunta dos veces. El otro estudiante quería que le explicara qué errores había cometido. Tenía buena actitud, pero se tomó la revisión prácticamente como una tutoría. Al final dieron las 13:00 y Pedro aún no había empezado a trabajar en la propuesta de investigación.

En la tarde de ayer lunes no había podido sentarse a escribir tampoco. Tuvo que dar dos horas de clase y después irse pronto. Tenía consulta en el dentista para sus dos hijos. Así que a las 16:30 tuvo que dejar de trabajar e irse a recoger a los niños al colegio para llevarlos al dentista.

En la consulta tuvieron suerte. Salieron en tan solo dos horas. Otras veces acumulan retrasos y salen de la consulta pasadas las nueve de la noche. Ayer, a las 20:00 ya estaban todos en casa.

Hoy es martes. Justo antes de que suene el despertador, Pedro se ha levantado. Cree que antes del viernes conseguirá escribir su parte de la propuesta. En lo que queda de semana solo tiene que dar seis horas de clase y asistir a dos reuniones que espera que no le tomen más de una hora. Además, esta mañana tiene bastante energía. Se ducha, desayuna con su mujer e hijos y se va a trabajar. Al subirse al coche, nota que este hace un ruido un poco raro. Parece provenir de la dirección. Sabe que debe llevar el coche al taller mecánico, pero no consigue sacar tiempo. Al final tendrá un accidente…

A las 8:30 consigue estar frente a su mesa y enciende el ordenador. En primer lugar abre el listado de correos electrónicos. Vaya, ya tiene dieciséis. Parece que hay gente que empieza a trabajar bastante pronto. Revisa los correos. Cuatro son invitaciones a conferencias y revistas depredadoras. Los borra directamente. Hay otros cuatro de la universidad. Dos de ellos no le afectan, pero los otros dos tiene que leérselos con detenimiento porque son ayudas internas de la universidad. Esas ayudas podrían ser interesantes para él o su grupo de investigación. De los ocho *emails* restantes, dos son los que sus compañeros le habían enviado preguntándole por la propuesta y otros dos son publicidad. Pedro abre, lee por encima y cierra los de sus compañeros. Borra los *emails* de la publicidad sin abrirlos. Quedan cuatro. Los cuatro son invitaciones de revistas para revisar artículos. Dos de ellos son recordatorios de invitaciones que recibió la semana pasada y que no había tenido tiempo de responder. «Habrá que priorizar», piensa. «No tengo tiempo para todo».

Rechaza dos invitaciones porque no tienen mucho que ver con su área de investigación. Las otras dos sí están relacionadas. Una, sin embargo, viene de una revista en la que no suele publicar jamás. Dice que no a esa revisión, pero le proporciona al editor dos nombres de compañeros que sí podrían revisarlo. El único *email* que queda proviene de una revista que le ha dicho que no las últimas veces. Sin embargo, esta vez parece que el título del artículo cae de lleno en los temas que está investigando últimamente. La verdad es que tiene interés en echarle un vistazo. Además, conoce al último de los autores. Es alguien bastante reconocido en su área pero nunca ha trabajado con él. Tiene curiosidad por saber cómo escriben artículos él y sus colegas. Acepta la revisión. Acto seguido recibe el típico correo automatizado agradeciéndole haber aceptado revisar el artículo. El correo le informa de que tiene un mes para escribir el reporte. Una tarea más en su lista de cosas no urgentes.

Para cuando Pedro acaba con su lista de *emails* son las 9:15. Aún no ha empezado a escribir ni una palabra de la propuesta. De repente tocan a la puerta de su oficina. Es su vecino de despacho, Roberto, invitándole a tomar un café. Pedro le dice que está muy liado y que hoy no puede. Aun así, Roberto pasa y se queda hablando con Pedro unos quince minutos. Su compañero tiene algunas cosas importantes que comentarle. Entre ellas, que la unidad docente necesita decidir quién impartirá los cursos el próximo cuatrimestre. Esta vez la asignación docente entre los profesores se avecina complicada. Han perdido un profesor a tiempo parcial y, o bien encuentran a otro (para lo que necesitan convocar una bolsa de trabajo), o bien se reparten esas dos asignaturas entre los profesores de la unidad. Sus compañeros no están muy por la labor de aceptar más docencia. No están al 100 % de su capacidad, pero sabe que muchos de ellos son coordinadores de algunas titulaciones y otros participan en varias comisiones. Además, sabe perfectamente que entre todos están tutorizando a más de treinta estudiantes de grado y posgrado. No le parece justo pedirles que impartan dos horas adicionales de clase a la semana.

Habrá que convocar entonces la bolsa de trabajo y buscar un nuevo profesor a tiempo parcial. El problema es que antes de mover los hilos para convocar la bolsa tendrá que reunirse con el Vicerrector de Profesorado y para ello tendrá que pedir cita. «Cada vez es más difícil contratar a alguien en las universidades», piensa para sí mismo. Seguro que tendrá que escribir un informe de justificación bastante convincente. Si no pasa a la primera, podrían tardar al menos dos meses más en aprobarle la plaza, si es que la aprueban. Para entonces ya habrá pasado la mitad del cuatrimestre. Pero antes necesita tener claro el perfil del profesor. El último que contrataron no era especialista en el área y algunos alumnos se quejaron. No obstante, si consulta a todos sus compañeros para ver si alguien quiere intercambiar asignaturas con el profesor saliente, el proceso de contratación no empezará a tiempo. Decidido. Será mejor que él mismo se encargue de redactar el perfil. Cuanto antes lo ponga en marcha y lo comparta con sus compañeros, antes podrá redactar el informe de justificación. Si alguno de sus compañeros quiere intercambiar docencia ya tomarán ellos la iniciativa.

Se pone a escribir el perfil. Para cuando termina de redactarlo escribe un *email* con copia a sus compañeros y le da a enviar. Son las 10:30. Pedro se pone entonces a redactar la propuesta de investigación. Consigue sacar dos horas seguidas. Debe detenerse porque su estudiante de doctorado aparece por la puerta a las 12:30. Se llama Luisa y es extremadamente diligente y competente. «¿Había quedado contigo, Luisa?», dice Pedro. «No, pero tengo algo que mostrarle. He estado trabajando bastante estas dos semanas y los resultados que he obtenido son muy distintos a los que esperábamos. Aun así, creo que hemos descubierto algo realmente importante. ¿Podría enseñárselo ahora?». Pedro sabe que si se pone a ver los resultados de Luisa, no escribirá nada más hasta al menos después de comer. Sin embargo no puede resistirse. Es más, no puede decirle que no. Luisa no suele aparecer sin avisar. Además, Pedro le pide constantemente favores. Si Luisa le está pidiendo algo, lo menos que puede hacer es corresponderle y dedicarle unos minutos…

Pedro se va a comer a las 14:30. Efectivamente no ha podido escribir más. Luisa acaba de irse y lo que quería enseñarle era realmente prometedor. Sus descubrimientos podrían abrir nuevas líneas de investigación. El problema es que más de la mitad del día ha volado y la propuesta sigue sin escribirse.

En la cafetería hay una cola muy larga, como siempre. Por suerte, los camareros conocen a Pedro y le atienden antes que a los demás. A las 15:00 está de vuelta en su oficina. Lleva redactado lo que cree que es aproximadamente un 20 % de la propuesta. Vuelve a leer lo escrito y dedica algunos minutos a editarlo. Además, se da cuenta de que tiene que incluir un gráfico o las ideas no quedan claras. Se pone a hacerlo y termina a las 16:30. Sigue habiendo escrito un 20 % de la propuesta, pero ahora hay una nueva figura. Le queda como mucho una hora más antes de irse a casa. Si cuando los niños lleguen a casa no está él para ayudar, su mujer le llamará preguntando dónde está. Además, ayer ya no pudieron hacer las tareas del colegio por la visita al dentista. Si Pedro no está en casa ya serán dos días de tareas acumuladas. Sabe que su hijo mayor necesita bastante ayuda con las matemáticas. A las 17:30 tendrá que salir, no hay alternativa. Es mejor que se ponga a escribir y aprovechar la hora que le queda. Esta noche, cuando todos se acuesten, le tocará trabajar otra vez. Parece que últimamente no hace otra cosa más que trabajar.

Pedro trabajó la noche del martes y también la del miércoles. Además, antes de dejar su oficina ese miércoles, recibió otro *email* convocándolo a una reunión importante para la renovación de los títulos de la Escuela. La reunión tendrá lugar el viernes por la mañana. Como coordinador del área tiene que asistir y repartir entre sus compañeros el trabajo a entregar en el plazo de un mes. Pero a Pedro aún le quedaba el jueves para acabar la propuesta. Ayer miércoles había podido avanzar algo en la oficina, pero solo fue en casa y a partir de las 22:30 cuando pudo concentrarse. Trabajó hasta la una de la mañana. Se fue a la cama porque se le cerraban los ojos. La noche del martes se había ido a las tres de la madrugada y al día siguiente no era persona.

El jueves avanzó bastante con la propuesta, menos mal. Ya tenía todas las figuras y casi todo el texto redactado. El problema es que necesitaba consultar algunos artículos para poderlos referenciar. Sentía que esos artículos eran importantes. Si un evaluador experto leía su propuesta y no encontraba esas referencias desconfiaría de que los autores realmente conocieran el estado del arte. El problema es que no recordaba dónde tenía esos artículos. La última vez subió los PDF a su gestor bibliográfico, pero desde que trabajaba con la gente de su grupo en una carpeta compartida, alguien parecía borrar artículos accidentalmente. Además, Pedro necesitaba las versiones que subió él. Esos artículos estaban anotados y había subrayado justo los resultados que quería citar. ¿Dónde estarían?

Llegó el viernes por la mañana. La reunión de nuevas titulaciones duró el doble de lo previsto y Pedro se volvió con mucho más trabajo de lo esperado. Había que hacer una ficha para cada asignatura de las nuevas titulaciones. Su unidad docente tenía veinte asignaturas. De todas ellas había que listar contenidos, competencias, recursos docentes, profesorado, sistemas de evaluación y un largo etc. ¿Por qué les pedirán cada vez más cosas? Pedro estaba casi seguro de que nadie se iba a leer toda aquella información. En fin, no serviría de nada protestar y lo mejor era pedir las cosas a sus compañeros cuanto antes. De lo contrario, acabarían entregándoselo tarde y parece que la universidad necesita sacar las nuevas titulaciones en un plazo muy corto.

Lo primero, por tanto, era escribir los *emails* a cada uno de sus compañeros. En ellos les explicaría qué dijeron en la reunión de las nuevas titulaciones y les pediría que rellenaran los campos de las fichas que él no podía rellenar. En particular, tenía que explicarles los de las competencias porque sabía que estos causarían problemas. En su unidad docente había algunos profesores de la vieja escuela que nunca han escrito competencias. Seguramente confundirían contenidos con competencias y tendría que reunirse con ellos para enseñarles. A este ritmo no sabe cuándo podrá hacer lo que realmente necesita hacer: la propuesta, entre otras cosas.

El viernes por la tarde, como siempre, Pedro ha tenido que dar clase. Los alumnos lo han retenido más tiempo del habitual preguntándole por los resultados del examen reciente. Llega a su casa con la propuesta igual que la dejó el jueves al marcharse de la oficina. Casi todas las referencias ya están incluidas y algunas figuras necesitan algunos retoques, pero está cerca de terminarla. Consigue hacerlo el sábado cuando sus hijos están durmiendo una pequeña siesta. Solo ha llegado una semana más tarde de la fecha que les prometió a sus compañeros. Al menos aún les queda una semana a ellos para terminarla. El mes que se avecina, no obstante, se avecina intenso…

El tiempo de los revisores es un bien escaso

El caso de Pedro, en sus infinitas variantes, es bastante frecuente en la Academia. Casi todos los investigadores reconocidos sufren un estrangulamiento de su tiempo incluso aún peor que el descrito arriba. Pedro se organiza como puede, pero la cantidad de obligaciones y la diversidad de las mismas hace que focalizarse en algo relacionado con su propia investigación sea la excepción, no la norma. Además, es frecuente robar tiempo a la familia y al tiempo personal para conseguir terminar el trabajo. No debería ocurrir, pero artículos, propuestas y revisiones no paran de llegar y siempre, siempre tienen plazos ajustados.

Pedro deberá leerse el artículo que aceptó revisar y escribir sus comentarios en el plazo de un mes. Tal vez no le tome más de dos o tres horas hacerlo. Sin embargo, mientras tendrá que escribir y revisar las fichas de las nuevas asignaturas, coordinarse con sus compañeros en varias ocasiones para completar las competencias, gestionar la contratación del nuevo profesor a tiempo parcial (con todo lo que ello supone: establecer criterios, baremar a los candidatos, entrevistarlos, publicar las puntuaciones, explicar al seleccionado cómo se trabaja en el departamento, etc.). En el próximo mes también deberá seguir dando clase, cubrir las clases que el profesor saliente ya no imparte hasta que el nuevo se incorpore, y seguir tutorizando a sus alumnos de fin de grado, máster y doctorado. Adicionalmente, en menos de una semana tendrá que revisar la versión definitiva que sus compañeros han preparado de la propuesta de investigación. Y estas son solo las tareas que ya se encuentran a fecha de hoy en su lista de cosas pendientes. Con casi total seguridad aparecerán muchas otras. Además, ni siquiera ha pensado cuándo podrá sacar algo de tiempo para realizar su propia experimentación y escribir algunos artículos con otros colegas del extranjero. Como decimos, Pedro puede encontrar más o menos difícil organizarse, pero en realidad tiene un trabajo que, a poco que se descuide, es capaz de absorber todo el tiempo del mundo. Y en ese contexto es precisamente en el que suelen llegar casi todas las peticiones de revisión de artículos de las revistas.

Los artículos son leídos por personas, no por máquinas

Aunque no lo parezca, el académico que acepta revisar un artículo desea de todo corazón que el artículo que va a revisar sea absolutamente perfecto. Esto es así porque, en dicha situación, el revisor tendría pocos comentarios y el reporte constaría exclusivamente de elogios. Sobra decir que ese caso no se produce nunca. Como editor desde hace varios años, creo que el mejor resultado que he visto han sido *Minor revisions* a la primera, y solo lo he visto una vez.

Si el artículo a revisar no puede ser perfecto, en su defecto, lo que el revisor desea es que este sea realmente malo. Cuando el artículo es muy, pero que muy malo el revisor gastará muy poco tiempo en leerlo. Generalmente detectará dos o tres errores graves y lo rechazará sin leerlo hasta el final. En ese caso gastará un poco más de tiempo al escribir el reporte, pero el tiempo total dedicado a la revisión será reducido. Además, si el artículo es nefasto, lo más probable es que no vuelva ninguna revisión del mismo en el futuro. Es decir, cuando el revisor lo rechace, será un adiós para siempre.

El problema es que los artículos realmente malos suelen ser rechazados por los editores y como los artículos perfectos no existen, los revisores reciben el resto. Para revisar esos artículos imperfectos, los académicos deberán dedicar entre dos y cuatro horas de su jornada laboral. Esta es una cantidad de tiempo lo suficientemente grande como para que se tomen en serio hacerlo con profesionalidad. Otra cosa es que entre los revisores haya académicos con muy distintas capacidades. También hay revisores con estados anímicos y situaciones de estrés muy variados. En muchos momentos, también la presión de un trabajo excesivo puede no permitirles centrarse suficientemente en lo que están haciendo.

Sin embargo, muchos de los académicos que reciben invitaciones para revisar artículos suelen suplir estas carencias con la experiencia. Estos revisores tienen el ojo entrenado para detectar errores evidentes. Los errores más evidentes y fáciles de detectar son un inglés deficiente, formatos descuidados, falta de secciones en el artículo y/o falta de los contenidos habituales de dichas secciones. Si el revisor detecta varios de ellos, rechazará el artículo. Si solo encuentra uno de estos errores, seguirá leyendo, pero con desconfianza. Hasta que acabe de leerlo anotará cualquier mínimo error que encuentre. Que ese conjunto de errores menores merezca un rechazo dependerá de cada revisor, pero seguramente todos ellos aparecerán incluidos en el reporte final. Habrá realizado lo que podemos llamar una lectura en «modo búsqueda y destrucción» *(seek and destroy mode)*. En general, es muy difícil salir bien parado de este tipo de revisión.

Aunque de todo esto hablaremos más extensamente en el último bloque del libro, la situación ideal de partida es la de ponérselo fácil al revisor. Si además la escritura del artículo es persuasiva y fluida como enseñábamos en el capítulo 2, el revisor se sentirá cómodo leyendo el artículo. Percibirá que los argumentos e ideas están perfectamente conectados y se detendrá muchas menos veces a examinar en mayor detalle las partes del artículo. Cuanto menos repare en cada parte del texto, menos errores encontrará y eso reducirá el trabajo que nos pida en la revisión. Además, al revisor seguramente tampoco le importará volver a revisar tu artículo por segunda vez. Simplemente confiará en que le darás poco trabajo y que cuando tu artículo revisado vuelva a él no tendrá que dedicarle más de una hora en leerlo diagonalmente.

En conclusión, los revisores desean revisar artículos que se lo pongan realmente fácil. Si escribes tu artículo para que sea fácil de leer y de entender, la respuesta de los revisores será seguramente positiva, o al menos constructiva. Favores, con favores se pagan.

Editores

Ya hemos dicho que la inmensa mayoría de académicos competentes tienen muchos compromisos y obligaciones. Parte de estas obligaciones derivan de los compromisos contractuales y laborales que tienen con sus propias universidades o empleadores. Además, estos académicos suelen ser trabajadores con cierta experiencia que ocupan puestos de mayor responsabilidad. Eso significa que muchos de ellos ocupan puestos como coordinadores de titulación, directores de departamento, jefes de centros de investigación o similares con bastante carga de gestión administrativa.

Pero parte de las obligaciones de estos académicos también proviene de compromisos externos a sus propias universidades. Estos compromisos suelen ir adquiriéndose gradualmente a medida que aumenta su reputación. Cuando esto ocurre, es frecuente recibir invitaciones para revisar artículos día sí y día también. También es frecuente trabajar con académicos, organismos y asociaciones internacionales.

Estos son los perfiles académicos o investigadores que generalmente reciben la invitación de convertirse en editores de revistas. En muchas ocasiones, estas personas también se presentan voluntarias al abrirse alguna convocatoria cuando otros editores dejan sus puestos. No obstante, la recomendación de terceros es muy común y frecuente para ser aceptado como editor de una revista.

Por tanto, ser editor es un reconocimiento, pero también una gran responsabilidad. En ciertas revistas, sobre todo en las que tienen altos índices de impacto, estos puestos ofrecen gran visibilidad a sus ocupantes. Con ello suele venir también cierta capacidad de ejercer influencia en la comunidad científica. No obstante, el volumen adicional de trabajo que uno acepta al convertirse en editor es sustancial. Varía según revistas, pero generalmente requiere de dos a ocho horas a la semana para los editores asociados, y de ocho a veinte horas para los editores jefe. La cantidad real de trabajo dependerá en gran medida del número de artículos que recibe la revista, de la calidad de los mismos y de cuántos editores tenga la revista. No obstante, los rangos de horas de dedicación suelen ser estos, nunca inferiores. Es cierto también que algunos editores cobran por este trabajo, pero como decíamos, la cantidad que perciben suele ser irrisoria comparada con el volumen de trabajo. Por eso, esta es una labor altruista y desinteresada.

¿Qué trabajo hacen entonces los editores en las revistas? Las revistas son máquinas bastante más complejas de lo que parecen. Hablaremos un poco más de ellas luego. Centrémonos ahora simplemente en cómo se procesan los artículos. Procesar artículos supone el 95 % del trabajo que realizan los editores. Con ello podréis haceros una idea de la forma en la que editores y revistas trabajan conjuntamente. Cuando un investigador manda su artículo a una revista, esto es lo que ocurre y generalmente en este mismo orden:

- Los editores asistentes *(assistant editors)* chequean que el artículo cumpla con los requisitos de formato básicos (interlineados, márgenes mínimos, extensión máxima, etc.). Si el artículo no los cumple, este suele ser devuelto (aunque no rechazado) indicando los cambios que se deben efectuar. Los editores asistentes no suelen ser académicos, sino empleados contratados por la propia revista. La comunicación que tienen con el resto de editores suele realizarse a través de la propia plataforma electrónica de la revista porque no suelen compartir la misma ubicación física con ninguno de los editores. También es frecuente el uso continuo del correo electrónico.
- Los editores jefe *(editors in chief)* ojean los artículos que cumplen con el formato básico y, si tienen una calidad mínima, suelen asignarlo a uno de los editores asociados. Si el artículo no tiene la calidad suficiente, los mismos editores jefe suelen rechazarlos. Esto ocurre con artículos que están muy mal escritos, plagiados y/o que están fuera del alcance de la revista *(out of scope)*. Por último, también cabe la posibilidad de que los editores jefe se autoasignen los artículos en lugar de pasárselos a otro editor asociado. Esto suele ocurrir cuando entre los coautores del artículo hay algún editor asociado. Para evitar conflictos entre los editores, lo habitual es asignar siempre los artículos a un editor más sénior que el que ha enviado el artículo.
- Los editores asociados *(associate editors)* suelen procesar los artículos

que les han sido asignados por el editor jefe. Algunas revistas clasifican a los editores asociados por área de conocimiento y/o por tipo de artículos que procesan *(review, book, specialty editors*, etc.). Estos editores leerán el artículo con más detalle y también pueden rechazarlo si a un nivel formal o técnico el artículo no cumple con las expectativas que se esperan de un trabajo científico. Si por el contrario, el artículo parece riguroso y con probabilidades de ser aceptado, entonces buscarán revisores y esperarán a que les lleguen sus reportes. En el momento de tomar la decisión, los editores asociados no suelen tomar la decisión final, sino que suelen transferir esta al editor jefe. Cuando un editor sí toma la decisión final, entonces se le llama simplemente «editor» (sin el adjetivo «asociado»). Esto ocurre independientemente de que exista un editor jefe por encima.

— También están los editores invitados *(guest editors)* que hacen un rol similar al de los editores asociados durante un tiempo determinado. Los editores invitados son investigadores con un mínimo currículum que suelen ofrecerse voluntariamente a editar algún número temático de la revista. Estos suelen trabajar bajo la supervisión de otros editores asociados o del propio editor jefe. Ser editor invitado es también una forma frecuente de convertirse en editor asociado a la larga, aunque no es imprescindible.

¿Cómo se invita a los revisores por parte de los editores (jefe, asociados o invitados)? Como decíamos, el tiempo de los revisores es un bien escaso. A la mayoría de editores no les gusta malgastarlo enviándoles artículos que casi seguro serán rechazados. Además, cuentan con que muchos revisores declinarán su petición porque estarán demasiado ocupados. La mejor forma de minimizar la cantidad de revisores que dicen que no a tu petición es enviárselo solo a aquellos cuya área de investigación es relevante para el artículo. No obstante, en esto difieren y mucho, las revistas. Las hay con plataformas que tienen un gran banco de revisores perfectamente categorizados por especialidades y de los que también podemos saber los artículos que esos investigadores han publicado, revisado y enviado a nuestra revista. En este tipo de plataformas, los editores suelen también puntuar la calidad de las revisiones que realizan los revisores, así como cualquier incidencia derivada de sus reportes (p. ej., se comprometieron a revisar un artículo y finalmente no respondieron, exceden los plazos de respuesta con frecuencia, siempre dicen que no a las revisiones, etc.). Cuando la revista tiene este tipo de plataformas, localizar a revisores adecuados es bastante rápido y sencillo.

Sin embargo, hay otras revistas que no tienen apenas información sobre los revisores. En esos casos, suelen ser los editores asistentes los que realizan búsquedas de revisores (generalmente masivas). También pueden ser los editores asociados los que hacen búsquedas manuales en función de los propuestos por los autores, los que encuentran en las referencias del artículo, los que ellos mismos conocen por su experiencia en el área, o los extraídos de búsquedas en bases de datos de terceros (p. ej., Scopus y Web of Science). Esta forma de buscar revisores, sin embargo, supone muchísimo más trabajo que trabajar con plataformas automatizadas.

Una vez localizado un grupo de potenciales revisores, el editor debe pensar a cuántos quiere invitar. La respuesta dependerá mucho de cada disciplina e incluso del momento del año (los hay más ocupados que otros). En general, es habitual que al menos la mitad de los revisores declinen la petición de revisión. En mi caso suelo seguir la siguiente regla de números decrecientes. Voy invitando hasta que:

- 5 aceptan revisar el artículo, para que
- 4 envíen sus reportes finalmente; de los cuales
- 3 reportes sean suficientemente detallados e informativos; y que
- 2 revisores puedan ser llamados para la segunda revisión, y
- 1 pueda ser llamado una tercera vez (tercera revisión), si hiciera falta.

Dado que las revistas suelen requerir al menos entre dos y cuatro reportes para tomar una decisión, es común lanzar entre diez y veinte invitaciones en total. Estas se envían por grupos de varias invitaciones dando aproximadamente una semana para que los revisores respondan. No obstante, a veces hay que llegar a invitar a más de treinta revisores. Esto puede ser indicativo de que el área del artículo no suscita mucho interés, lo cual los editores pueden entender como una posible falta de relevancia del mismo.

De cualquier forma, el proceso de gestionar un artículo por parte de un editor suele requerir de estas fases: lectura del manuscrito, escribir algunas anotaciones sobre él, buscar revisores en sucesivas rondas, leer sus reportes, y finalmente tomar la decisión. Este proceso completo no toma menos de cuatro horas en total. Si el artículo se rechaza directamente, el tiempo dedicado al artículo suele variar entre una y dos horas. Es fácil de entender entonces que los editores intenten no perder el tiempo y enviar solo artículos con posibilidades reales de ser aceptados. En revistas muy populares que reciben más de diez artículos diarios, esto ya no es una opción, es simplemente una necesidad.

Leyendas urbanas sobre los editores

Muchos investigadores noveles ven con cierto recelo las decisiones que toman los editores respecto de sus artículos. Muchos tampoco confían en que el trabajo de los editores sea todo lo honesto y transparente que debiera. Obviamente puede haber excepciones, pero tras haber conocido a bastantes editores y ver cómo trabajan, me atrevería a decir que *los editores nunca*:

- Discriminan a los autores según el país de origen, institución de procedencia, o por la cantidad de veces que han rechazado sus artículos en el pasado.
- No aceptan artículos si estos no lo merecen, o al menos es difícil hacerlo. Las revistas tienen un sistema de rendición de cuentas *(circle of accoutability)*. Esto quiere decir que los artículos suelen ser gestionados por al menos dos editores (uno gestiona el artículo y el otro revisa todo antes de tomar la decisión final). Ambos suelen tener que llegar a un acuerdo y en el caso de un artículo deficiente, es difícil que el segundo editor no se dé cuenta.
- No publican sus propios artículos más fácilmente y mucho menos en su propia revista. De hecho, las revistas suelen bloquear el acceso a los artículos enviados por los propios editores. Esto quiere decir que cuando un editor envía un artículo a su revista, no puede saber en qué estado está, ni mucho menos qué revisores lo están revisando.
- No intercambian favores para publicar artículos en revistas de otros editores. Por si no prestaste atención al proceso de selección de editores, ya te dije que la mayoría de editores son investigadores

reconocidos. Normalmente casi todos publican por castigo. No necesitan que otros les hagan el favor de publicar artículos mediocres.

— Por último y para matizarlo, tampoco dan tratamiento preferente a artículos provenientes de investigadores célebres. De hecho, es muy común recibir artículos enviados por investigadores de primer nivel en revistas de cierta reputación. No obstante, salvo que esos nombres ocupen el puesto de primer autor, esto no significa absolutamente nada en términos de calidad del trabajo. Además, aunque a nadie le gusta que le rechacen artículos, la mayoría de esos autores destacados saben perfectamente cómo funciona el juego de publicar. En la inmensa mayoría de ocasiones, los que han escrito esos artículos son sus estudiantes de doctorado u otros colegas con menos experiencia que ellos. Todo el mundo merece la oportunidad de aprender y se aprende teniendo artículos rechazados (como todos).

Sin embargo, *los editores siempre*:

— Recuerdan a los buenos y malos revisores. Como ya dije, solemos puntuarlos e incluir anotaciones acerca de su rendimiento. Tus actuaciones dejan huella y si estas son positivas, te ayudarán a partir de una mejor primera impresión con los editores.
— Sufren quejas de investigadores que no están de acuerdo con la decisión que han tomado. Afortunadamente, cuando el trabajo se hace como corresponde y se justifican las decisiones tomadas, estas quejas son muy esporádicas y fáciles de refutar.
— Tienen presente que este es un trabajo que se hace por la comunidad y para la comunidad. Los editores creemos que un panorama sin editores investigadores sería, casi con total seguridad, peor que el actual.

Por último, los editores recomendamos que no aceptes un rol como editor hasta que tengas cierta reputación como investigador. En ocasiones, las decisiones que tomes respecto de los artículos pueden generar ciertas hostilidades con otros investigadores. Estas rencillas podrían dificultar tu carrera si no está suficientemente consolidada.

Revistas científicas

Al principio, la mayoría de revistas consistían en publicaciones de sociedades científicas. Como contamos en el primer capítulo, las primeras sociedades nacieron en el siglo XVII. Sin embargo, estudiar en la universidad fue un privilegio hasta mediados del siglo XX. Por aquel entonces había muchos menos investigadores.

Posteriormente, el volumen creciente de artículos, así como la impresión y la difusión de los mismos, creó una oportunidad de negocio. Nacieron las primeras revistas comerciales para atender esa demanda. Para mantener cierto rigor académico, esas revistas situaron en los puestos de editor a académicos de cierto prestigio. Hoy en día son ya pocas las sociedades que no han transferido el negocio de la publicación a revistas con fines comerciales. Y si lo han hecho, es porque les resulta más eficiente y/o rentable hacerlo así.

Sin embargo, el negocio de la publicación está cambiando, o tal vez sería más correcto decir que está en un continuo cambio. Gran parte de las revistas han ido evolucionando hacia un negocio más deslocalizado y digital en lugar de físico. También se permite el envío de contenidos que ya no son puramente textuales o estáticos (vídeos, repositorios, presentaciones, *podcasts*, etc.). Por último, el modelo de publicación abierta *(Open access)* está en pugna con el modelo tradicional de pagar por publicar. Cada modelo tiene sus ventajas e inconvenientes. El principal problema de la publicación abierta es que se presta a un control de calidad insuficiente [66] y por tanto a la creación de revistas depredadoras *(predatory journals)* (consultar la *Beall's list* para mayor información [67]). El modelo tradicional, por el contrario, obliga a que instituciones y agencias de investigación tengan que pagar por el acceso a muchos artículos científicos que en su mayoría nadie jamás consultará ni citará. Cuál se impondrá eventualmente o qué nuevas alternativas surgirán no debería preocuparnos mucho. Al fin y al cabo, alguien tiene que pagar por la publicación (la universidad, el investigador o su país). Si nadie paga, no hay negocio, y si no hay negocio, no habrá nadie que se encargue de cribar, publicar y centralizar los resultados científicos.

Por tanto, creo que no tiene mucho sentido proyectar la frustración que cualquier modelo de negocio produce a sus usuarios. Es verdad que el sistema actual de publicación implica que muchos investigadores presten sus servicios gratuitos al revisar los artículos de otros. Pero tampoco nos cobran cuando revisan los nuestros. Esto es el principio de reciprocidad. Posteriormente, cuando los artículos se aceptan, alguien tiene que mantenerlos accesibles, hacerlos fáciles de encontrar y, como mínimo, controlar las citas que reciben. Si hubiera algún modelo de negocio que pudiera hacer estas mismas labores de forma rigurosa, eficiente y más barata, seguramente ya lo conoceríamos. Hasta entonces, es lo que tenemos.

Entonces no hay que pedirle peras al olmo. La mayoría de revistas científicas comerciales existen porque ganan dinero. Son un mal necesario, lo que significa que aunque son malas e imperfectas, son necesarias. Mientras tanto preocupémonos de las cosas que sí podemos cambiar. A este respecto, los objetivos de cualquier investigador son los siguientes y en este orden:

1. Publicar.
2. En revistas de alto impacto.
3. Que nos citen.

Las revistas nos ofrecen publicar, al menos por el momento. Por tanto, aunque con posibles mejoras, el objetivo 1 está cubierto.

En cuanto al objetivo 2, todos nos hemos acostumbrado a asociar el factor de impacto *(impact factor, IF)* con la calidad y reputación de la revista. Como es bien sabido, el factor de impacto de una revista del año X suma las veces que los artículos que esa revista publicó en los años X-1 y X-2 han sido citados (por esa y todas las demás revistas), y los divide entre la cantidad total de artículos publicados por esa revista en los años X-1 y X-2. Sin embargo, como este índice era algo controvertido y se prestaba a cierta manipulación (incrementando la autocitación, por ejemplo), han ido surgiendo otros. Estos índices alternativos aún son poco valorados para la evaluación de la actividad investigadora en muchos países (p. ej., en España). Entre ellos, el que más popularidad está adquiriendo es el *Scientific journal ranking (SJR)*. Este índice tiene en cuenta la reputación del origen de las citas y las pondera de forma proporcional a esta. Calcula sobre un horizonte de tres años en lugar de dos. Además, no contabiliza las autocitas de la propia revista. Aun así, el *SJR,* como cualquier índice *(v.gr.,* el SNIP, el índice H, o el *eigenfactor,* entre otros), tiene otras limitaciones. Cualquier índice es solo eso, un número intentando capturar la medida de algo. La reputación y trascendencia de una revista (como la de un académico) no se pueden capturar con un solo número. Es algo multidimensional. Para crear estos índices hay que abstraer la realidad y hacerla necesariamente unidimensional. Si la quisiéramos volver a hacer multidimensional (a partir de varios indicadores, por ejemplo), entonces sería necesario tomar decisiones subjetivas acerca de cómo componerlos. Este es un problema sin solución. Al igual que es imposible encontrar un sistema de votación totalmente justo [68]. Un solo número nunca podrá reflejar una información polifacética. Es mejor, por tanto, hablar simplemente de «indicadores».

Entonces y como ya dijimos en partes anteriores del libro, el movimiento más inteligente para un investigador es intentar publicar sus artículos donde otros artículos como el suyo suelan publicarse. Solo de esa manera atraeremos más citas y con ello cumpliremos con el objetivo n.º 3 (que nos citen). También a la larga mejoraremos nuestra reputación (incrementando nuestro índice H, por ejemplo) y habremos conseguido ser más visibles en nuestra comunidad científica.

Agencias y consejos de investigación

En último lugar, vale la pena repasar brevemente los organismos que gestionan los fondos, en su mayoría públicos, para que terceros desarrollen su investigación. Ejemplos de estos organismos son la Agencia Estatal de Investigación (AEI) en España, el *European Research Council (ERC)* en Europa, la *National Science Foundation (NSF)* en Estados Unidos, el *Engineering and Physical Sciences Research Council (EPSRC)* en Reino Unido, la Agencia Nacional de Investigación y Desarrollo (ANID) en Chile, y otros muchos.

Estos organismos publican convocatorias especializadas a las que investigadores pueden concurrir enviando sus propuestas. Para ellos trabajan técnicos de investigación que gestionan el reparto de dichos fondos, supervisan el progreso de los proyectos y se encargan de hacer eco de los principales resultados de los proyectos financiados. Cuando estos organismos abren una convocatoria, generalmente reciben decenas o cientos de propuestas. Todas ellas hay que evaluarlas de la forma lo más ágil y justa posible para decidir qué investigadores o grupos se llevan los fondos. Es importante saber, por tanto, que cualquier agencia o consejo de investigación desearía tener mucho más dinero del que tiene. Pero el dinero es el que es. Hay que competir por conseguirlo y, generalmente, se lo llevan los mejores.

A la hora de distribuir los recursos de cada convocatoria, los técnicos de investigación de cada agencia o consejo buscarán a algunos evaluadores que revisarán las propuestas recibidas. No obstante, a diferencia de las revistas, a estos evaluadores sí se les suele pagar (aunque los montos pueden ser muy variables). Estos evaluadores cumplen una función similar a la de los revisores en las revistas, es decir, decidir qué propuestas merecen ser financiadas. El problema es que un mismo evaluador seguramente no podrá leerse «todas» las propuestas recibidas en una convocatoria. Esto ocurre porque hay muchas propuestas y no es físicamente posible que una misma persona evalúe todas en un corto plazo de tiempo. Desafortunadamente, esto se traducirá en algunos sesgos en las evaluaciones. Por ejemplo, cuando haya evaluadores más laxos que otros y aun cuando la agencia utilice rúbricas para unificar criterios, es posible que algunas propuestas se vean parcialmente beneficiadas o perjudicadas. De cualquier forma, cuando revisan propuestas de investigación, los evaluadores buscan que estas cumplan tres condiciones:

- Trascendencia: que los resultados sean lo más relevantes posible para la sociedad. A veces se le llama también «impacto».
- Credibilidad: que lo que se propone pueda realmente ser llevado a cabo, es decir, que sea factible.
- Solvencia: que el equipo que acometerá el proyecto tenga la capacidad investigadora suficiente para ejecutar el proyecto. Es decir, que tenga una reconocida trayectoria que, en principio, demuestre una alta esperanza de retorno de la inversión puesta en ellos.

Por tanto, cuando redactes propuestas, además de seguir los mismos principios que ya hemos sugerido para la redacción de artículos científicos, presta atención a estos tres criterios. En la medida que transmitas la sensación de que tú y tu equipo podéis desarrollar investigación trascendente, creíble y solvente, tus probabilidades de ser financiado serán mucho mayores. No hay mayor secreto, aunque siempre haya que tener un poco de suerte con los evaluadores.

BLOQUE IV:
RECHAZOS Y REVISIONES

8. *Desk reject:*
Aprendiendo de los errores

Empecemos este capítulo con dos verdades universales. La primera: «a nadie le gusta que le rechacen artículos». La segunda: «aun cuando tengas mucha experiencia, te van a seguir rechazando artículos».

Respecto de la primera, el rechazo siempre es amargo y afecta al ego. Lo es porque escribir un artículo supone una inversión de tiempo considerable. Cuando le dedicamos mucho tiempo a algo, nos solemos implicar emocionalmente. Sin embargo, con los años (o con el número de rechazos, no estoy seguro) estos se hacen menos dolorosos. La mayoría de los investigadores simplemente aprenden a encajar los golpes. Son parte del juego y, aunque no siempre sean justos, son solo eso: parte del juego.

Respecto de la segunda verdad, llegará un momento en que empezarás a escribir más artículos y mucho mejores. También conocerás mucho mejor las revistas a las que los mandas. Los artículos que hayas escrito tú y que envíes a esas revistas seguramente serán rechazados con mucha menor frecuencia. Pero al mismo tiempo, empezarás a trabajar y a supervisar el trabajo de otros. Esos trabajos los entenderás mucho menos que los propios. Los errores de estos trabajos serán más difíciles de detectar o de corregir por tu parte. Otras veces simplemente, no tendrás el tiempo para corregirlos. Entonces volverás a acumular rechazos. Y cuanto más trabajes con otros, más rechazos sufrirás. La parte positiva es que para entonces también conseguirás publicar en términos absolutos y seguramente relativos, mucho más que al principio.

Por tanto, aceptemos la situación tal como es. La mayoría de revistas con cierta reputación reciben muchísimos artículos. Estas revistas rechazan más del 90 % de los artículos y lo hacen por dos razones. La primera, porque así publican artículos de mayor calidad (se quedan con lo mejor). La segunda, porque el tiempo de los editores y revisores es muy limitado. Además, a veces uno tiene suerte con los revisores que le tocan y otras no. Pero no todo es cuestión de suerte. Gran parte del resultado depende del trabajo de los autores.

Hay dos tipos de rechazos: el rechazo directo *(desk reject)* y el rechazo tras haber sido enviado a revisión *(reject,* o, con suerte, *reject and resubmit).*

A efectos prácticos, tanto el *desk reject* como el *reject* significan lo mismo: la revista no desea que le vuelvas a enviar el artículo, ni siquiera cuando lo hayas revisado. La mayoría de revistas no indican el calificativo *desk* cuando te envían la carta de rechazo. Simplemente se sobreentiende que es un *desk reject* si el artículo no ha sido enviado a revisores. El *reject and resubmit*, por otro lado, sí da la posibilidad de reenvío, pero generalmente solo una vez más y siempre que hayas corregido «meticulosamente» los comentarios de los editores y/o revisores. Si no los tomas en serio y enviaste el artículo antes de tiempo (en dos semanas, por ejemplo), la siguiente vez recibirás un rechazo directo acompañado de muchas menos explicaciones. Los editores no explican dos veces lo mismo si la vez anterior ignoraste sus comentarios.

El rechazo directo es bastante común. Debería ser rápido, porque la decisión la toman los editores. Sin embargo, como ya vimos, puede provenir de distintos tipos de editor:

- La primera barrera es la del editor asistente. Si este detecta que el inglés es muy deficiente, que no has adaptado el formato de tu artículo al exigido por la revista y/o que la extensión del artículo es muy superior a la máxima permitida, entonces te lo devolverán. Generalmente, este rechazo tarda menos de una semana y suele permitir el reenvío una vez corregidos los aspectos formales.

- Si tu artículo llega al editor jefe pero detecta que cae fuera del alcance de la revista, que le faltan secciones relevantes y/o que los contenidos de las secciones no se ajustan a las de un artículo científico, éste también lo rechazará. Este rechazo suele tardar de dos a tres semanas. Pero si tienes suerte y a la revista le interesa el tema de tu artículo, te podrían permitir reenviarlo *(reject and resubmit)*. Si no tienes tanta suerte, recibirás un *desk reject*.

- Finalmente, si el artículo llega hasta el editor asociado transferido del editor jefe, el rechazo podría tener más que ver con el contenido y menos con los aspectos formales. Estas razones de rechazo son las más importantes, ya que se irán convirtiendo en las más frecuentes a medida que aprendas a escribir artículos. Las otras son relativamente fáciles de evitar consultando la guía de autores de cada revista y prestando atención a lo dicho en capítulos anteriores.

En este último bloque del libro describiremos las razones de rechazo menos evidentes y cómo responder a los revisores. Empecemos desgranando las causas de rechazo de los editores asociados.

Principales causas de rechazo

Tras varios años como editor, he creado una lista de fallos comunes en artículos. Los tengo ordenados por orden decreciente de aparición. Seguramente estos errores difieren por áreas, pero en las disciplinas cuantitativas tienden a repetirse con gran frecuencia. Para cada uno de estos fallos tengo un párrafo que explica cuál es el problema y dónde se suele encontrar en los artículos. Casi todas las revistas operan de forma similar. Suelen tener lo que se llama un texto modelo *(boiler plate)*. Este texto les permite disponer una explicación base que copiar, pegar y adaptar a cada caso concreto. Es una forma eficiente de ahorrar tiempo cuando se gestionan muchos artículos.

En cuanto a las causas principales de rechazo, son las siguientes. Dos de ellas suelen ser suficientes para rechazar un artículo:

- *Calidad del inglés insuficiente.* Con esto no me refiero a que el inglés tenga problemas de ortografía y/o gramaticales, que también, sino a que necesite una revisión estilística. El *proofreading* corrige los problemas gramaticales y/u ortográficos. Estos errores son los básicos y muchos autores creen que basta con librarse de ellos para poder enviar un artículo. No es así. Un texto necesita revisión estilística principalmente cuando tiene dos problemas: la escritura produce ambigüedades, y cuando se utilizan oraciones muy largas. Ambos problemas son difíciles de percibir por escritores inexpertos. Sin embargo, en ambos casos la lectura no es fluida y hace que el texto requiera varias pasadas para ser comprendido. La mayoría de revisores no tienen ganas de leerse el artículo más de una vez. Por eso, en su momento incidimos tanto en la necesidad de aprender a escribir con claridad, brevedad y elegancia. Sin una buena escritura los revisores no podrán entender lo que quieres decir a la primera. Si no lo entienden, acabarán rechazando tu artículo.
- *Omisión de secciones importantes del artículo.* En estos casos, o bien faltan secciones, o bien su contenido no habla de lo que se espera

de ellas. Las secciones más importantes son la Introducción (que reporta la existencia e importancia de un problema), la Revisión de la literatura (que justifica y defiende la importancia del *Research gap)*, y las Discusiones (que reportan el significado e implicaciones de los resultados). Cuando la Introducción es una mera introducción genérica; la Revisión de la literatura es un compendio de trabajos previos sin análisis crítico; y las Discusiones solo contienen análisis numéricos, el artículo no sobrevivirá un proceso de revisión. Es mejor rechazarlo y no malgastar el tiempo de los revisores.

— *Uso excesivo de abreviaturas, jerga y/o contenido matemático innecesariamente complejo.* Podríamos decir que este es el equivalente de un artículo mal escrito, pero en su dimensión matemática. Hay muchos artículos que intentan presentar como complicado lo que realmente no lo es. A un editor jefe se le podría colar porque es imposible ser experto en todo. A los editores asociados es bastante más difícil, porque a ellos sí se les suele asignar el artículo por especialidad. Estos artículos son fáciles de detectar porque denotan una total falta de empatía en su dimensión numérica. Esta falta de empatía se manifiesta en no explicar con claridad y sencillez las variables del problema, no presentar el aparato matemático de forma ordenada, no justificar las decisiones de modelización, así como abundar en las explicaciones de aspectos secundarios. Por tanto, el artículo debe entenderse siempre, tanto en su dimensión matemática como verbal. Los editores y revisores no esperan entender absolutamente todo lo que has hecho, pero sí tener una idea cercana. Si no son capaces de seguir el hilo matemático, encontrarán alguna forma de desacreditar tus métodos.

— *Falta de novedad y/o relevancia.* En el fondo esto se traduce en falta de contribuciones. Puede ser porque o bien la contribución es original (no se ha hecho con anterioridad), pero es poco relevante; o bien porque siendo relevante, sí se ha hecho con anterioridad (aunque tal vez con otro nombre o con cambios marginales). En otras ocasiones, las contribuciones del artículo no son ni novedosas, ni relevantes; o los autores no se han esforzado lo suficiente en hacerlas explícitas. En cualquier caso el editor seguramente optará por el rechazo.

— *Diseño de experimentación inadecuado*. Esto quiere decir que los métodos de investigación no pueden responder a lo que queremos averiguar. Puede haber muchas razones para ello: uso de métodos estadísticos inadecuados, población de estudio equivocada, tamaños de muestra insuficientes, información de partida incompleta o inexistente, obtención de datos no especificada, etc. También puede haber una desalineación entre los métodos y la pregunta de investigación. En este caso se trata de problemas a nivel ontológico y/o epistemológico que ya explicamos al final del capítulo 1. Estos son los más difíciles de solucionar ya que podrían implicar rehacer toda la experimentación.

— *Artículos centrados en los métodos, no en el problema*. Los solemos llamar *method-driven papers* y son lo contrario de los *problem-centred papers* que son los que prefieren la mayoría de las revistas. Este tipo de artículos lo describiremos en la siguiente sección. Por ahora basta con decir que los *method-driven papers* son fáciles de distinguir por la excesiva extensión de las secciones de Métodos y Resultados frente a las demás. El objetivo de este tipo de artículos es el de aplicar métodos avanzados generalmente a un problema de ámbito muy restringido. Estos métodos suelen ser complejos, poco justificados y sus implicaciones difusas para la comunidad científica. Sin embargo, los autores los han tomado prestados de alguna otra disciplina y por algún motivo desean aplicarlos en otra. Las contribuciones de este tipo de artículos suelen ser más bien superficiales, poco generalizables y difíciles de llevar a la práctica.

Aunque resulte curioso, la mayoría de estos problemas suelen detectarse desde el propio *abstract*. En el capítulo 4 comentamos cómo redactar esta parte del artículo. Sin embargo, gran parte de los autores no saben escribirlo y a los editores les basta leerlo para anticipar qué problemas tiene el manuscrito. En general es muy difícil cambiar esta primera mala impresión. Además, el *abstract* suele ser la parte del artículo que (teóricamente) se ha escrito con más «cariño». Si esta parte es deficiente, las siguientes partes del artículo suelen ir a peor.

Las causas de rechazo mostradas arriba pueden presentarse y categorizarse de muchas otras formas. Por ejemplo, la prestigiosa revista *Academy of Management Journal* publicó las principales causas de rechazo según sus editores [69]. Los problemas se clasificaban alrededor de estos cinco ejes:

- Significancia: el artículo no acomete grandes retos.
- Novedad: no cambia la conversación respecto lo ya conocido.
- Curiosidad: el artículo no capta ni mantiene la atención del lector.
- Alcance: escasas repercusiones para la comunidad científica.
- Aplicabilidad: escasas implicaciones prácticas.

Apreciarás, no obstante, que esta forma de describir los problemas de un artículo es bastante más genérica. También hace más difícil que los autores entiendan cómo solucionar los problemas de su artículo una vez este ha sido rechazado. Esto se debe a que en la mayoría de ocasiones los editores no pueden decir simplemente lo que «opinan» sobre los artículos aunque lo tengan clarísimo. Los editores deben ser educados y respetuosos, especialmente cuando están evaluando el trabajo de investigadores noveles que aún están aprendiendo.

Pero a veces es difícil no descalificar artículos nefastos. Por eso siempre, pero con más razón cuando se evalúan artículos deficientes, los editores hemos aprendido el siguiente truco: «En lugar de decir lo que el artículo "es", decimos lo que el artículo "no es" (pero que debiera ser)». Esto significa que destacamos los problemas que tiene el artículo de forma indirecta al indicar que no alcanza el nivel de calidad o corrección adecuados. Es como decir: *tu trabajo no es lo suficientemente bueno*, en lugar de *tu trabajo es pésimo*. Es mucho más educado y menos hiriente, pero también más genérico. Obviamente los editores intentamos aportar ejemplos de las omisiones o errores del artículo para acompañar nuestros juicios de valor. Pero nuestra forma de expresar las carencias del mismo siempre será más ambigua para los autores. La ventaja de proceder de esta manera, sin embargo, es que al menos los autores guardan menos rencor a los editores. Además, a la larga todos aprendemos a descifrar lo que las cartas de rechazo realmente quieren decir.

Zombie papers: taxonomía de malformaciones

Es muy frecuente que los artículos no solo cometan errores aislados, sino que estos errores sigan ciertos patrones. Concretamente, hay una serie de malformaciones en la escritura de artículos que dan lugar a rechazo directo. A este tipo de artículos los he llamado *zombie papers* tomando prestada la denominación de *zombie thesis* de Inger Mewburn *(@thesis whisperer)* [70] y *zombie grant* de Andrew M. Derrington [71].

Un artículo zombi puede andar y puede hablar, pero no está realmente vivo. Este tipo de artículos parecen realmente artículos —con títulos, secciones, tablas y gráficos— pero sus partes no son un conjunto. Lo peor que puedes hacer para arreglar estos artículos es acometer una edición línea a línea. Será necesario descartar y reconstruir secciones completas, incluso tal vez reescribir el artículo desde cero. En cualquier caso, reparar estos artículos siempre supondrá un elevado volumen de trabajo. Tras varios años como editor, estas son las malformaciones más frecuentes que suelo encontrar:

- Autonarración *(self-narration)*. A muy pocos lectores y revisores les importa cómo averiguaste lo que estás reportando, los callejones sin salida que encontraste, o los problemas que tuviste que superar al desarrollar tu investigación. De hecho, estos se molestan cuando deben transitar por la «historia» de tu investigación antes de poder encontrar los resultados realmente importantes.

  Este tipo de problema es muy común en investigadores jóvenes, principalmente estudiantes. Estás cometiendo este error si existen excesivas frases que refieran al metadiscurso, en lugar de a los resultados de la investigación. Algunos ejemplos son: *El problema era que..., Entonces comparamos..., Utilizamos la variable..., Finalmente concluyo*. Si hay demasiadas frases de este tipo, podrías no estar soportando hechos sino contando la historia de cómo los descubriste. En el capítulo 2 hablamos de la necesidad de reducir el uso de adverbios y también el uso del metadiscurso al mínimo. Sin embargo, el problema principal de esta malformación no es tanto el uso excesivo de los adverbios, sino que el orden de presentación de los argumentos gira en torno a tu historia, no en torno a los resultados. Por tanto, será necesario reorganizar los contenidos como si hubieras sabido desde el principio qué resultados ibas a obtener. Esto es lo habitual en artículos, aunque hayas fallado mil veces antes de conseguirlos.

- *Patchwork* o *quilting*. Esto ocurre cuando se organiza la Revisión de la literatura alrededor de las fuentes que se referencian, pero sin ningún hilo conductor. Los lectores quieren tu análisis, no un resumen de referencias. Los investigadores generan este tipo de artículos cuando simplemente «cosen» unas referencias con otras utilizando también muchas citas textuales, descargas de la web y fuentes no académicas. El resultado es que no queda claro cuál es el *Research gap* y por tanto las posibles contribuciones serán difusas.

El *patchwork* o *quilting* es un riesgo real cuando los autores no realizan un análisis crítico de las limitaciones de los artículos que están referenciando. La única forma de evitar este tipo de confección es organizar las fuentes en torno a un argumento o perspectiva propios. Esto lo comentamos en detalle al hablar de cómo escribir la Revisión de la literatura en el capítulo 4. Si tu argumento mimetiza excesivamente los argumentos de otros, tal vez las contribuciones del artículo no son lo suficientemente noveles.

— Artículos estilo capítulos de libro *(book chapter-style papers)*. Estos artículos se parecen a textos técnicos en el sentido que explican métodos y aportan conocimiento de un área. Sin embargo, son genéricos y no intentan acometer ningún problema concreto. Son relativamente fáciles de identificar porque suelen presentar una Revisión de la literatura muy extensa y focalizada en aspectos metodológicos. Además, la Revisión de la literatura suele continuar en la sección de Materiales y métodos, pero sin un rumbo expositivo concreto. El problema de este tipo de artículos es la ausencia de un problema a resolver. Son como un tratado de los avances de una disciplina, pero sin ningún propósito aparente. Convertir este tipo de artículo en algo publicable es casi imposible porque no están dirigidos a resolver ningún problema en particular.

— Reportes profesionales *(professional reports)*. Este tipo de artículos son habituales cuando profesionales de la industria *(practitioners)* escriben artículos y los envían a revistas académicas. Estos artículos simplemente utilizan una combinación de técnicas conocidas, con un *software* generalmente no desarrollado por los autores, y describen cómo han solucionado un problema muy restringido. Por tanto, el problema reportado suele afectar a un ámbito muy limitado (p. ej., un edificio, una empresa, un producto) y tiene escasa trascendencia para la comunidad científica. Además, este tipo de artículos no suelen ser ni relevantes ni originales. Por eso es generalmente muy difícil reescribirlos para hacerlos publicables en una revista científica.

— Artículos centrados en los métodos *(method-driven papers)*. Comentamos anteriormente que los artículos deben estar orientados a solucionar un problema *(problem-centred papers)*. Sin embargo, estos artículos degeneran el resto de secciones en favor de los Materiales y métodos. La Introducción, por ejemplo, se convierte en una mera exposición de un problema relativamente genérico y superficialmente tratado. La Revisión de la literatura suele orientarse en el reporte de métodos similares, en lugar de justificar el *Research gap*. Es decir, no se identifica lo que investigadores previos no consiguieron solucionar, ni se justifica por qué es importante abordar el problema de la manera propuesta por los autores. En este tipo de artículos, los Materiales y métodos suelen ocupar más de la mitad de la extensión del artículo, pero aun así es difícil encontrar una buena justificación de por qué los autores escogieron dichos métodos. De hecho, si aparece, esta justificación suele limitarse a que otros investigadores utilizaron esos métodos en un problema similar. Esta no es una buena justificación por sí sola. Adicionalmente, la sección de Discusiones, si es que existe, suele contener reinterpretaciones (pero casi exclusivamente numéricas) de los resultados. Es decir, no se hacen explícitas las implicaciones de las contribuciones a la comunidad científica. Por último, este tipo de artículos suele carecer de validación (generalización). Sí es frecuente que aparezcan uno o dos casos de aplicación, pero nada más. Las posibilidades de extrapolar y generalizar las contribuciones a otros contextos (p. ej., problemas, industrias, países, etc.) son más bien escasas.

Sin embargo, este tipo de artículos consigue publicarse a veces. Esto ocurre porque no todos los revisores están entrenados en distinguir que estos artículos son un simple cascarón y que sus contribuciones son muy limitadas. En apariencia contienen las mismas secciones que un artículo clásico y todas ellas reportan «algo» de estas. Sin embargo, las secciones apenas cuentan algo novedoso o de valor. No obstante, este tipo de artículos son relativamente fáciles de reparar, aun cuando requieren una reescritura extensa. Para reescribirlos es necesario redactar de nuevo la Introducción, la Revisión de la literatura y las Discusiones. En particular, es necesario incluir muchísimos más detalles acerca del «problema» a resolver, delinear el *Research gap* y hacer las implicaciones más «explícitas». Todo esto puede suponer mucho trabajo porque en realidad falta más de la mitad del artículo, pero es perfectamente posible hacerlo (si los autores escogieron unos métodos adecuados).

Por último, algunos autores que pretenden maximizar el número de publicaciones pueden recurrir a lo que se conoce como *salami slicing*. Esta práctica consiste en fraccionar las contribuciones de una investigación en diversas publicaciones cuyas contribuciones son mucho menores, a veces marginales. Con frecuencia estas publicaciones paralelas llamadas «rodajas» *(slices)*, comparten exactamente las mismas hipótesis, población y métodos. Esto es considerado una práctica poco ética y casi tan denostada como el plagio [72]. Sin embargo, para evitar ser descubiertos, estos autores suelen enviar sus artículos a distintas revistas simultáneamente. De esta forma es mucho menos probable que un mismo editor o revisor evalúe dos de las rodajas en el mismo intervalo de tiempo.

No obstante, a la larga sí que es relativamente fácil que algunos revisores acaben percatándose de la existencia de otros artículos similares al que están revisando o revisaron en el pasado. Entonces será muy probable que alguien lo notifique a las revistas y estas retracten «todas» las rodajas [73]. Por tanto, aunque a veces pueda resultar tentador maximizar la inversión realizada en una misma investigación, es mejor evitar estirar demasiado el chicle. Por defecto, intenta escribir siempre artículos con la mayor cantidad de contribuciones. Si alguna vez llegas a ser un investigador con cierta reputación, no querrás vivir con el temor de que alguien descubra que una vez recurriste al *salami slicing*.

La importancia de la *cover letter*

Tras varios años como editor, aún sigo asombrándome de la poca importancia que muchos autores le dan a la carta de presentación *(cover letter)*. Esta carta va dirigida exclusivamente a los editores y en ella los autores están vendiendo su artículo. Suele ser más informal que el *abstract*, pero tiene unos contenidos similares, aunque en ella se enfatizan las contribuciones. Concretamente, los autores deben aprovechar la *cover letter* para justificar a los editores que publicar su artículo en su revista es una buena idea. Puede haber muchos motivos para ello: las contribuciones son relevantes para sus lectores, se citan varios artículos publicados en esa revista, se cambian las conversaciones en la comunidad científica, etc.

Otro objetivo importante de la carta de presentación es el de ayudar a los editores a procesar tu artículo. Dado que estas personas van a dedicar varias horas a tu trabajo, lo menos que puedes hacer es ponérselo fácil. Para conseguir esto es conveniente indicar en qué disciplinas y subdisciplinas se encuadra tu artículo. Con ello podrán elegir a los editores y a los revisores más adecuados. A este respecto, lo mejor que te puede pasar es precisamente que lo gestione un editor que esté familiarizado con el área de tu artículo. Cuando esto no sucede, el editor asociado o los revisores podrían no apreciar la importancia de las contribuciones y rechazarlo cuando este no lo merecía. También puede ocurrir lo contrario: que el artículo merezca un *desk reject*, pero que el editor, por no ser especialista, no aprecie que las contribuciones no son suficientemente originales y/o relevantes. En este caso, los editores lo enviarán a revisores. Sin embargo, los revisores, como especialistas, sí detectarán la falta de originalidad o relevancia. Entonces, estos últimos rechazarán tu artículo, pero para entonces los autores habrán perdido meses en lugar de semanas. Ambas situaciones se evitan haciendo «explícitas» las áreas de tu investigación en la *cover letter* y, si existe la opción, indicando el nombre de los editores asociados más adecuados.

Ahora que los dos objetivos principales de una carta de presentación están claros (vender tu artículo y facilitar su gestión), vamos a proponer una estructura tipo para redactarla. En internet y en las guías de los autores es fácil encontrar muchas otras plantillas. También hay revistas que fuerzan a los autores a escribirla y/o a reportar sus contenidos repartidos en una serie de campos durante el envío del artículo. En su defecto, esta estructura suele funcionar bien:

1. En el encabezado se indica el lugar de envío de los autores y la fecha.
2. A continuación, se saluda al editor/es jefe de la revista, y algún editor asociado especialista del área del artículo (p. ej., *Estimado*

editor XXX y editor asociado YYY,). Esta es la forma más sutil de proponer el nombre de un editor asociado sin decirlo expresamente. Dejamos una línea en blanco y empezamos la carta propiamente dicha.

3. En el primer párrafo agradecemos que reciban nuestro artículo titulado «ZZZ». Entonces especificamos la tipología de artículo que estamos enviando (artículo estándar, nota, carta, artículo de revisión, etc.). También detallaremos las disciplinas específicas en las que se encuadra nuestro artículo. Si estas disciplinas coinciden con alguna clasificación de áreas que utilice la revista, mucho mejor.

4. En el segundo párrafo redactaremos un mini-*abstract*, pero algo más informal. Lo importante de este resumen es destacar las contribuciones de nuestro artículo en caso de que se publique. Si la revista tiene mucha reputación, estas contribuciones deberán ser relevantes y afectar a gran parte de la comunidad científica, de lo contrario el artículo no pasará de aquí.

5. En el siguiente párrafo debes convencer al editor jefe de que el envío a su revista está justificado. Como hemos comentado antes, esto puede hacerse por una combinación de las siguientes razones: el artículo cae dentro del alcance de la revista, la misma revista ha publicado artículos similares recientemente (que preferiblemente habremos citado y además diremos que los hemos citado), y/o que los resultados son realmente innovadores para sus lectores.

6. A veces es necesario incluir algún párrafo adicional haciendo explícito que el artículo no ha sido enviado a ninguna otra revista y que todos los coautores aprueban el envío del mismo.

7. A veces también algunas revistas pueden solicitar los nombres de potenciales revisores y/o de revisores opuestos o vetados (los que los autores no desean que evalúen su artículo). Sin embargo, gran parte de las revistas piden que los autores los mencionen en el formulario durante el envío del artículo. Los editores nunca suelen enviar el artículo a los revísores opuestos y en la mayoría de ocasiones ni siquiera piden que justifiques dichos nombres. No obstante, si te solicitaran una razón, simplemente aduce «conflicto de intereses». Es lo más aséptico.

8. Por último, despídete y agradece de nuevo que reciban y consideren tu artículo. Incluye tu dirección de correo electrónico y tus datos de contacto. Termina firmando con tu nombre y el de los coautores.

Dos últimos consejos. Minimiza el uso de adjetivos autocalificativos que describan tu artículo como algo extraordinario (p. ej., *highly innovative, groundbreaking, first-of-its-kind*, etc.). Deja que los editores juzguen por sí mismos. Segundo, si tienes la oportunidad, propón revisores adecuados, salvo que estos hayan rechazado tus artículos en repetidas ocasiones. No intentes proponer a alguno de tus colegas para que revise el artículo. La única excepción es cuando ese o esos colegas sean realmente expertos en el área, que no hayan participado en el desarrollo del artículo y que además menciones explícitamente al editor que son colegas. Es decir, no mientas u ocultes información relevante (como que habéis sido coautores previamente). Los editores tienen plataformas que les indican si tus revisores han publicado contigo y si pertenecen a la misma institución que alguno de los coautores. Si el editor encuentra indicios sospechosos, lo más probable es que ignore todos los nombres que le has proporcionado.

Otros errores comunes a evitar

Para terminar este capítulo me gustaría destacar un último conjunto de errores comunes. No son tan críticos como los anteriores, pero es conveniente evitarlos para así no darles munición a los revisores.

El primero es evitar la sobrerreferenciación *(citation overkill)*. Esto sucede cuando incluimos demasiadas referencias juntas (generalmente cuatro o más) para soportar afirmaciones o hechos poco relevantes. La sobrerreferenciación debe evitarse porque denota ausencia de pensamiento crítico y discriminativo. Cuando se referencia el trabajo de otros suele hacerse con uno de estos dos propósitos. El primero es mencionar quién dijo algo concreto u obtuvo un resultado específico. Esto se hace con el propósito de que las conclusiones de investigaciones previas avalen nuestras afirmaciones. El segundo es para poner como ejemplo los trabajos de otros investigadores que adoptaron métodos o enfoques similares a los nuestros. En el primer caso no cabe la sobrerreferenciación, ya que estamos mencionando hechos muy concretos. En el segundo caso, hay que evitar dar excesivos ejemplos. Si aun así necesitamos aportar un número importante de referencias, entonces será preferible matizar sus diferencias y/o presentarlas categorizadas.

El segundo error consiste en no excederse en las autocitas (máximo 20 % del total de las referencias). Autocitarse no es malo. De hecho es una práctica bastante extendida porque muchas veces nadie ha trabajado tanto en una misma área como los propios autores. Pero tiene otros beneficios. Autocitarse, por ejemplo, incrementa tu índice H, el cual mide tu reputación como investigador. El índice H se calcula como la cantidad H de tus artículos que han sido citados al menos H veces. Es decir, si tu índice H es de diez, es porque tienes diez artículos publicados que han sido citados al menos diez veces. Una regla informal sugiere que lo estás haciendo bien como investigador si tu índice H es igual o superior a la cantidad de años que llevas investigando [30]. Sin embargo, el beneficio más interesante de la autocitación no es incrementar directamente tu índice H sino hacer que tus artículos sean más fáciles de encontrar por otros. Es puro *marketing*. Si otros autores pueden encontrar tus artículos en muchos más artículos, es más fácil que los citen. Pero aun con todas estas ventajas, citarse excesivamente no es elegante. En las revistas con proceso de revisión doble ciego (en las que autores y revisores no conocen la identidad de los otros), la autocitación excesiva puede delatar la identidad de los autores. En las revistas con proceso de revisión simple ciego (en la que los revisores saben quiénes son los autores, pero no al revés), esto no es tan relevante, pero sigue sin ser elegante.

El tercer error es plagiar. Del plagio ya hablamos en detalle en los capítulos 1 y 3. Cualquier investigador con una mínima experiencia no lo suele hacer, pero en ocasiones surge la tentación. Aunque a veces cueste, siempre es mejor leer, entender y reescribir lo que hayas entendido en lugar de copiarlo literalmente. Además, es conveniente recordar que la mayoría de revistas actuales tienen herramientas muy potentes para detectar el plagio (*v. gr.*, Turnitin, iThenticate).

El cuarto y último error es no corregir los principales comentarios que te hagan los revisores, hayan sugerido cambios al artículo o lo hayan rechazado. Este error puede no ser evidente para los investigadores noveles. Como dijimos al principio del capítulo, tus artículos serán rechazados frecuentemente. Cuando un revisor rechaza un artículo, en la mayoría de ocasiones detallará las razones por las que lo hizo. Ese revisor espera que aunque haya rechazado tu artículo, hagas caso a sus consejos y/o comentarios. Os sorprendería la frecuencia con la que un mismo revisor es llamado por segunda vez para revisar el mismo artículo para otra revista. En este caso, si los autores ignoraron completamente sus comentarios, este revisor lo rechazará con total seguridad y, además, escribirá un reporte bastante escueto. No querrá volver a perder el tiempo porque, como les pasa a los editores, a nadie le gusta tener que repetir las cosas varias veces. Además, le dirá al editor (seguramente de forma confidencial) que ya revisó ese mismo artículo y que los autores no han corregido prácticamente nada de lo que les sugirió. El editor estará sobre aviso y las posibilidades de que te lo acepten serán muy reducidas.

En conclusión, incluso aunque duela y tu artículo haya sido rechazado, es conveniente prestar atención a lo que te digan los revisores. Casi siempre aportan elementos que pueden ayudar a mejorar tu trabajo. De hecho, si te los tomas en serio y solucionas los problemas más importantes, eventualmente tu artículo será aceptado en otra revista. Hay que evitar tropezar varias veces con la misma piedra.

9. *Major/minor revisions:* Cómo responder y cómo no

Barges in the canal ('barcas en el canal'), es lo que solía decir el director de escuela, el profesor Stuart Green, cuando trabajé para la *University of Reading*. Cuando decía esta frase se refería a que es conveniente tener siempre varios artículos en marcha e ir enviándolos a las revistas a medida que los escribes. Su analogía se basaba en que en Inglaterra hay muchos canales navegables. Cuando una lancha o barcaza quiere atravesar un desnivel de agua (una presa, por ejemplo) debe sortearlo por medio de esclusas. El ciclo de la esclusa es siempre el mismo: entra la barca, se cierran las compuertas, si la barca va aguas arriba se llena la esclusa de agua y si va aguas abajo entonces se vacía, finalmente se abren las compuertas y la barca sale por el extremo opuesto. Entonces entra a la esclusa una embarcación que circula en sentido contrario. De esta manera la esclusa funcionará en sentido opuesto en el siguiente ciclo (si se llenó, ahora se vaciará; y si se vació, ahora se llenará). Además, como muchas esclusas no tienen el tamaño suficiente para admitir varias embarcaciones a la vez, el resto debe esperar haciendo cola. El profesor Green utilizaba esta analogía para recalcar que la única forma de mantenerse productivo en la Academia es no parar de escribir y enviar artículos. Si hay que esperar a publicar cada artículo antes de enviar el siguiente, podríamos no publicar ni un artículo al año. Para algunos eso puede ser suficiente, pero en cuanto empieces a dominar el arte de escribirlos, no te lo parecerá.

Por tanto, aunque al principio es probable que acumules algunos rechazos, finalmente recibirás un *email* solicitándote cambios. Esto siempre son buenas noticias. Si consigues implementarlos, es muy probable que publiquen tu artículo. Aquellas horas de dedicación en los meses previos habrán valido la pena. Solo será necesario un último esfuerzo.

Sin embargo, este esfuerzo puede ser a veces considerable. Primero, los cambios de los revisores podrían obligarte a rehacer parte de la experimentación. Segundo, en ocasiones efectuar las modificaciones en el artículo puede costar tanto o más que lo que costó escribirlo en primer lugar. Tercero, a veces ha pasado tanto tiempo que puede que hayamos olvidado casi totalmente de qué iba el artículo. En este caso habrá que gastar un tiempo en refrescar la memoria y recordar cómo hicimos los cálculos o los experimentos. En esta tarea ayuda bastante ser muy ordenados y clasificar las versiones de los archivos que vayamos generando (el del manuscrito con tablas, pero especialmente los de los cálculos y figuras). Bastante trabajo puede suponer recordar lo que hicimos, como para tener que recordar cuáles eran las versiones correctas. Por tanto, es conveniente organizar todos los archivos al enviar tu artículo, si es que no lo hiciste desde el principio.

Pero recuerda que aunque los revisores te pidan mucho trabajo, lo importante es no perder la perspectiva: «si consigo hacer esto, publicarán mi artículo». Partiendo de esta premisa, es más llevadero invertir las horas necesarias. Cuando enviaste tu artículo por primera vez, la incertidumbre de si sería aceptado era mucho mayor. Las posibilidades de publicarlo están ahora mucho más a tu favor. Generalmente vale la pena intentarlo.

Volvamos también al punto inicial: los revisores siempre van a ser críticos. Les han contactado precisamente para eso, para detectar cualquier cosa que pueda poner en tela de juicio la validez y generalidad de tus contribuciones. No obstante, los revisores pueden ser constructivos o destructivos. También pueden hacer comentarios pertinentes u otros completamente absurdos. Cada uno de estos debe manejarse de forma distinta pero es necesario responderlos todos y hacerlo con sumo cuidado. Tratar estos aspectos es precisamente el objetivo de este capítulo final.

La aceptación de un artículo es un juego de mínimos

Al inicio del libro comentamos que en investigación, a diferencia de en otros contextos, estás equivocado hasta que se demuestre lo contrario. Esto significa que tus análisis y resultados deben sostenerse a pesar de las críticas de los revisores. Obviamente, ninguna investigación es perfecta, pero se trata de demostrar que las conclusiones más plausibles son las que tu artículo ha propuesto, aun cuando se admitan algunas debilidades en tus métodos.

Por tanto, la publicación es un juego de mínimos. Si existe una brecha que pueda arrojar una duda razonable sobre el rigor, veracidad o generalidad de los resultados, lo más probable es que tu artículo no sea aceptado. Los resultados deben aguantar los ataques de los revisores. La mejor forma de conseguirlo es anticiparlos y considerarlos durante las fases de diseño y experimentación. A medida que ganes experiencia, esto te resultará mucho más fácil.

Por tanto, el trabajo de un buen revisor es ser crítico y atacar tu artículo. Idealmente, los revisores deberían ser siempre educados y ofrecer una crítica constructiva, pero no siempre es así. Ya vimos hace dos capítulos que muchos de ellos están sometidos a gran presión. También, que nuestro estado de ánimo puede condicionar lo que escribimos y, sobre todo, cómo lo escribimos. Otros revisores tampoco dominan el inglés y pueden sonar más agresivos o maleducados sin pretenderlo. En cualquier caso, nuestra respuesta deberá ser igualmente aséptica y educada. Durante el proceso de aceptación del artículo existe una asimetría de poder. Los editores tienen mayores posibilidades de ser influenciados por los revisores que por los autores. Esto es así y debe seguir siéndolo para minimizar las posibilidades de publicar mala ciencia.

Pero la publicación también es un juego de mínimos en otros aspectos. Por ejemplo, para escribir un buen artículo en la actualidad es frecuente que los autores deban tener conocimientos de varias disciplinas. Seguramente pocas personas (o incluso nadie) sabrá más que tú sobre tu investigación. Pero debes esperar que algunos de los revisores sepan mucho más que tú en algunas áreas de tu investigación (los métodos que utilizas, las disciplinas adyacentes, etc.). Por eso, cuando hablábamos del análisis de los resultados, dijimos que la mejor estrategia es recurrir a técnicas lo más sencillas posible. Las técnicas clásicas, por ejemplo, suelen ser sencillas y aplicables a una gran variedad de casos. Siempre es preferible contar con suficientes datos y aplicar técnicas sencillas, que tener que recurrir a técnicas muy complejas para «estirar» una información de partida insuficiente. Contar con coautores expertos en algunas áreas de tu artículo también suele ser una buena idea.

En conclusión, la publicación de artículos es un auténtico juego de mínimos: tu poder frente a los editores y revisores es mínimo en el proceso de revisión, tu implicación emocional en las respuestas a los revisores debe ser mínima, y tu investigación es tan fuerte como su eslabón más débil. Todos hemos recibido comentarios agresivos, maleducados y muy desacertados en algunos de nuestros artículos. Pero todos salimos adelante y generalmente con el ego reforzado. Recuerda que no se trata de decir lo que quieres, sino de hacer lo que quieres. Y lo que quieres es publicar. Si a pesar de ello a veces sientes que eres el único al que pisotean su investigación, puedes empatizar con otros autores visitando la web *Shit my reviewers say* [74].

Tipos de comentarios de los revisores: estrategias de respuesta

Una vez envías tu artículo, se pone en marcha una maquinaria sobre la que no tienes apenas ningún control hasta conocer su resultado. Como contamos en el capítulo anterior, en la aplastante mayoría de las ocasiones no conocerás la identidad de los revisores. No obstante, a veces ellos sí sabrán quién eres tú y otras veces no. A estos les llamábamos respectivamente procesos de revisión simple ciego *(single-blind)* y doble ciego *(double-blind)*. El sistema de revisión en el que ambas partes (autores y revisores) conocen la identidad del otro se llama revisión por pares abierta *(open review)*. Sin embargo, esta es bastante inusual, al menos en revistas con cierta reputación. No obstante, a veces algunos revisores deciden compartir su identidad con los autores indicando sus nombres al final de los reportes. También es conveniente recordar que incluso en el sistema doble ciego, los revisores pueden acabar averiguando la identidad de los autores en caso de que el artículo sea publicado. Por tanto, cuando respondas a los revisores, sé educado, porque si no lo eres, es relativamente sencillo para los revisores averiguar tu identidad. Ellos se acordarán de ti, mientras que tú ni siquiera sabrás quiénes eran ellos. A la larga, si respondes sostenidamente de forma inadecuada podría generarte muy mala reputación entre editores y revisores. Y estas personas cuyas identidades ni siquiera conoces serán las mismas que probablemente vuelvan a evaluar tus manuscritos y propuestas en el futuro. Cuando lo hagan seguramente no querrás que te devuelvan el «favor».

En el capítulo anterior compartí que, tras varios años como editor, solo una vez había visto un artículo cuyo primer resultado fue de revisiones menores *(minor revisions)*. Nunca he visto un artículo aceptado sin ser revisado, aunque tal vez la revista de la que soy editor es bastante exigente. Por tanto, los resultados dominantes son: rechazo directo o con posibilidad de reenvío (en el 90 % de casos), revisiones mayores (9,9 %) y revisiones menores (0,1 %). No obstante, mis observaciones seguramente se basan en una muestra pequeña y poco representativa. Aun así, cuando te respondan de una revista, la aspiración realista es la de revisiones mayores *(major revisions)*.

Por tanto, aunque nos hierva la sangre, hay que responder de forma educada. Analicemos ahora los comentarios que podemos recibir de los revisores. En primera instancia los clasificaremos por acertados o desacertados y por críticos o leves:

- *Comentarios acertados críticos.* Estos son ineludibles, sobre todo si varios revisores coinciden en ellos, lo cual es lo habitual. Si no los implementas, tu artículo está acabado. Son a los que debes dedicarles más trabajo. También son los que debes demostrar que has corregido con mayor grado de detalle cuando escribas la carta de respuesta.

- *Comentarios acertados leves.* Estos suelen ser muy fáciles de arreglar. De hecho, en muchas ocasiones el propio revisor te indicará de forma explícita lo que espera que hagas. En esos casos, corrígelos siguiendo sus instrucciones de forma literal. En la carta de respuesta incluye un simple «Gracias, hemos implementado el cambio» y añade una prueba o referencia de dónde lo has hecho en el artículo.

- *Comentarios desacertados leves.* Estos suelen ocurrir cuando el revisor no entendió alguna parte concreta del artículo. A veces también puedes recibirlos porque algún fragmento del texto no estaba bien escrito o se prestaba a ambigüedades. En ese caso se trataría de un comentario acertado, no desacertado. No obstante, incluso cuando el texto sí transmita claramente lo que los autores pretendían, es conveniente maquillarlo ligeramente (p. ej., matizar alguna frase o incluir alguna explicación o aclaración adicional para evitar confusiones). Esto es así porque el revisor podría ser una muestra representativa de futuros lectores. Si no lo entendió bien, podría ocurrirle lo mismo a otros. Además, cuando modificas ligeramente el artículo tras su comentario, el revisor sentirá que le has atendido y aunque le expliques que no estaba en lo cierto, verá que tu artículo ha mejorado.

- *Comentarios desacertados críticos.* Estos son los más peligrosos porque nunca sabes la reacción que causarán en el revisor cuando los respondas. Si lo entendió mal una vez, es probable que, independientemente de lo que hagas, vuelva a ocurrirle. La mejor estrategia es menoscabar la lógica del revisor (desmontar sus argumentos uno a uno, con educación, pero sin piedad). No hay otra manera. Debes tener en cuenta que cuando el editor (no el revisor) ve este tipo de comentarios no puede discernir si son pertinentes o no. Por un lado, estos comentarios suelen ser extensos y detallados (lo cual los hace parecer acertados a ojos del editor), pero, por otro lado, no suelen hacerse eco en otros revisores. Es decir, el revisor equivocado suele ser un caso aislado. Por tanto, es muy probable que el editor se forme una idea de quién tiene razón en función de tu respuesta. Adicionalmente, hay que aportar evidencias de todas las partes del artículo donde se diga lo contrario a lo que sugiere el revisor. Por último, si puedes hacer algo de maquillaje en el artículo explicando mejor algunas partes, eso también podría ayudarte a inclinar la decisión del editor a tu favor.

Hay otros tipos de comentarios que también ocurren de vez en cuando y que cualquier investigador con experiencia ha recibido alguna vez:

- *Sugerencias (opcionales) de mejora.* Estos son los unicornios. Se ven pocas veces, pero son fáciles de implementar porque, aun en el caso de no hacerlo, no suele ser motivo de rechazo. Si optas por implementarlos, te ganarás al revisor casi con total seguridad y él dará luz verde a tu artículo.
- *Comentarios contradictorios entre los revisores.* Siempre suele haber alguna contradicción entre los revisores, pero en la mayoría de ocasiones son leves y es posible hacerles caso a todos a la vez. Cuando las contradicciones sean realmente importantes y no sea posible hacer caso a uno sin ir contra otro, mi sugerencia es hacer caso al que los autores crean que tiene razón. Este revisor no tiene por qué ser necesariamente el que lo ponga más fácil. Además, habrá que justificar e indicar explícitamente que existe una contradicción entre los revisores. Esto evitará que aquellos a los que no se les ha hecho caso puedan pensar que los autores han decidido ignorar deliberadamente sus comentarios.
- *Comentarios sobre el idioma.* Que no te afecten. A veces he tenido

artículos con solo uno o dos errores tipográficos (los encontrados por el revisor) y he estado horas buscando cualquier otro sin éxito. A veces es el propio revisor el que no sabe mucho inglés (lo cual suele ser evidente de la escritura de sus comentarios). En ambos casos, con una comprobación adicional por parte de los propios coautores suele bastar. No obstante, si el revisor o editor indica que es necesaria una edición de estilo, en ese caso sí deberás recurrir a un editor profesional. En el capítulo 1 dimos el nombre de algunas empresas fiables. Estas empresas suelen ofrecer un certificado digital (anonimizado, si es necesario) con el que el revisor puede comprobar que el manuscrito ha sido efectivamente revisado por un editor competente y con cierta reputación. Aunque esto siempre tiene un coste, no vale la pena que te rechacen el artículo por un inglés deficiente.

— *Maniobras dilatorias*. En general, los revisores solo aceptan revisar artículos próximos a su actividad investigadora. Pero al aceptar, algunos revisores podrían darse cuenta de que ese artículo va a reportar resultados similares a los que ellos están investigando. Con la intención de que no se les adelanten otros, una estrategia puede ser sugerir muchos cambios menores. No suelen proponer «Rechazo» para evitar que los autores reenvíen el artículo a otra revista con rapidez y que estos revisores pierdan el control. Tampoco suelen ser cambios mayores porque así no concordarían con los comentarios de otros revisores y esto haría que el editor los ignorara completamente. Además, tampoco suelen ser pocos en número, sino muchos, para que el editor les vuelva a enviar el artículo en la siguiente ronda de revisión. Por tanto, la mejor estrategia para este revisor es seguir proponiendo bastantes cambios menores indefinidamente y agotar cada vez los tiempos disponibles para enviar su revisión. Obviamente, el editor acabará poniendo fin a esta situación en algún momento, pero el astuto revisor podría haber ganado unos cuantos meses de ventaja. Este tipo de maniobras son muy difíciles de identificar tanto por los autores como por los editores. Lo único que pueden hacer los autores es enviar una carta dirigida al editor sugiriendo que los cambios que se les proponen parecen no ser pertinentes y esperar que este les haga caso. Para ello normalmente hay que haber pasado por al menos dos rondas de revisión.

— *Cita «mi libro» (y otros comentarios cargantes)*. En ocasiones hay revisores que quieren que cites algunos de sus artículos. Cuando esos artículos son pertinentes, no es un problema hacerlo. No obstante, muchas veces los revisores quieren simplemente que cites sus trabajos como condición para que acepten el tuyo. Yo no comparto este tipo de prácticas y como editor suelo indicar con una nota a los autores que no se preste atención a dichas referencias. No obstante, muchas veces es difícil para el editor discriminar si esas referencias son pertinentes o no.

Respecto de cómo responder a este tipo de comentarios, la respuesta es «depende». Si eres un investigador novel, lo más fácil es aceptar el chantaje e incluir dichas citas en tu artículo donde queden disimuladas. Si por el contrario, eres un investigador con cierta experiencia, aconsejo no hacerlo y responder con algo de este estilo: «Hemos incluido algunas referencias adicionales hablando de X y de Y tal como recomendaba el revisor Z. Sin embargo, no hemos incluido las sugeridas específicamente por el revisor porque aquellas eran algo antiguas, o poco actualizadas, o no pertinentes, (o cualquier otro motivo)». Esto suele enfadar algo al revisor y hay que hacerlo solo cuando estés seguro de que las referencias no son adecuadas. Pero los editores son sensibles a este tema y seguramente se pondrán de tu parte. La excepción podría ser cuando el propio editor sea el que te pida que incluyas algunas referencias. En estos casos suele referirse a que menciones otros artículos de su revista, no necesariamente suyos. El objetivo podría ser mejorar la autocitación de la revista, pero en cualquier caso no hay escapatoria. Si no las incluyes podría rechazar tu artículo justificando que no está entablando un diálogo con las conversaciones de la revista. No vale la pena correr el riesgo. Busca algunos artículos recientes y cítalos.

Redactando la carta de respuesta a los revisores

Todas las revistas exigen que además de implementar los cambios sugeridos por los revisores, escribas una carta que detalle dónde y cómo has hecho esos cambios en el manuscrito. En revistas con editores comprometidos, ellos mismos incluirán algunos comentarios adicionales que también deberás responder. Por último, muchas revistas solicitan una versión del manuscrito en el que los cambios aparezcan destacados de alguna manera *(tracked-changes version)*. Todos estos aspectos hay que tenerlos en cuenta antes de volver a enviar el artículo revisado.

¿Cuál es la mejor forma de escribir la carta de respuesta a los comentarios de editores y revisores? Hay muchas formas de hacerlo, pero todas ellas implican las mismas acciones:

— Sé cortés y agradecido, pero sin pasarte. Lo que denota tu educación y respeto no es incluir muchos «gracias», sino responder de forma no agresiva a los comentarios. Justifica lo que has hecho y por qué lo has hecho. No te refieras nunca a la persona del editor o revisor, sino a sus argumentos (a lo que han dicho, no a quién lo ha dicho, ni a cómo lo ha dicho). Esto ayuda a evitar conflictos interpersonales y a centrarse en analizar los argumentos.

— Cuando describas el cambio realizado, incluye una evidencia de dónde has efectuado dicho cambio en el artículo. Si el fragmento a incluir es demasiado largo, incluye algunas frases y/o párrafos representativos. Si en alguna parte de la carta debes responder a comentarios similares, refiere a otros revisores a la respuesta que escribiste para el primer revisor que dijo lo mismo. Así ahorrarás espacio y tu carta será más corta. Los revisores suelen agradecer no tener que leerse una carta más larga que el propio artículo.

— Si tu ego está muy dolido cuando respondas a los revisores, utiliza un lenguaje aséptico. Si aun así te cuesta mucho trabajo no sonar agresivo, toma algo de distancia con lo que estás escribiendo (por ejemplo, déjalo en el cajón una semana). Si tras ese tiempo sigues sin poder escribir de forma neutra, recurre a tus coautores para que suavicen tus respuestas.

— Termina siempre tu carta a los revisores con algún breve agradecimiento a todos los revisores y al editor. Hazlo especialmente cuando algunos te hayan tratado bien y otros no tanto. Incluir un agradecimiento general les hace sentir que todos han contribuido y que has considerado todos sus comentarios por igual.

Un último consejo. Casi siempre es mejor no especificar que los fragmentos de texto que estás incluyendo en la carta ya estaban «tal cual» en la versión original. Es mejor no hacerlo porque el revisor podría interpretarlo como: «No te enteraste = es tu culpa, no hemos hecho ningún cambio». Por eso, en lugar de utilizar el verbo pasado y decir: «Esto ya estaba incluido en el artículo original en…», utiliza el tiempo presente: «Esto se menciona en…» sin precisar que ya estaba en la anterior revisión. De esta forma evitarás posibles suspicacias por parte de los revisores.

Enhorabuena, tu artículo ha sido aceptado. ¿Ahora qué?

La aceptación de un artículo siempre te alegrará el día. En esos momentos uno se siente inteligente y muy orgulloso por todo el trabajo realizado. Publicar tus primeros artículos es sin duda un gran reto. Pero al final, si perseveras y aprendes de los comentarios de los revisores, tus artículos acabarán publicados con mayor frecuencia.

¿Qué viene después de la aceptación? La revista te pedirá que rellenes y firmes algunos formularios de autoría, si es que no lo hiciste ya en la fase de revisión. También podrían preguntarte sobre el modo de publicación de tu artículo: en abierto *(Open Access)* o tradicional (de pago para terceros). La ventaja de los artículos de acceso abierto es que suelen ser más descargados y, por tanto, más citados. También es posible subirlos a repositorios académicos de cualquier tipo sin ningún tipo de restricción. La desventaja es que el coste de hacerlos abiertos suele ser también bastante elevado (en revistas de cierta reputación). Sin embargo, muchos organismos de investigación imponen que los artículos publicados bajo proyectos de investigación que hayan financiado, se publiquen siempre en acceso abierto. En estos casos, suelen haber partidas presupuestarias del proyecto para cubrir precisamente estos costes. Por el contrario, la única ventaja del modelo tradicional en el que otros pagarán para poder descargarse tu artículo es que no tiene coste para los autores. Por tanto, en la mayoría de ocasiones la forma de publicación del artículo será una decisión puramente económica (o dispones de los recursos para pagarlo, o no).

Además de la forma de publicar el artículo, también pueden preguntarte si deseas recibir copias en papel del artículo y/o si deseas que la versión impresa incluya figuras en color (bajo un coste adicional). Finalmente, ellos editarán tu manuscrito y te enviarán las *proofs* ('pruebas') cuando estén listas. Las *proofs* son la versión del artículo casi tal cual la revista lo publicará pero sin los detalles bibliográficos (el volumen, número, páginas y el DOI). A veces también se le llama *camera-ready version*. Una vez hayas aprobado las *proofs* (generalmente tras haber implementado algunos arreglos de última hora), tu artículo seguramente será publicado en un corto plazo de tiempo.

Ahora solo te quedará disfrutar viendo cómo tu artículo es citado y utilizado por otros para agrandar las fronteras del conocimiento. Difundirlo en redes sociales, profesionales y de investigación (p. ej., ResearchGate, Linkedin o Academia.edu) suele ser también recomendable. Si tu artículo es fácil de encontrar por los demás, será más citado. Cuanto más lo citen otros, más subirá tu índice H y con él tu reputación. No obstante, cuando subas tus artículos a plataformas y repositorios de investigación, vigila que no estés infringiendo ninguna política de *copyright* que hayas aceptado al publicar tu artículo con esa revista. Acerca de esto, la iniciativa Sherpa-Romeo [75] informa de qué tipo de versiones pueden publicarse en repositorios y qué períodos de embargo existen para casi todas las revistas. Estas son las principales restricciones que debes tener en cuenta al subir los distintos tipos de archivo de tu artículo a repositorios de acceso libre (p. ej., ResearchGate) o restringido (el de tu universidad).

Finalmente, cuando hagas tus artículos accesibles a otros investigadores, intenta incluir todos los materiales suplementarios para que éstos los puedan utilizar. Los materiales suplementarios pueden ser muy variados: bases de datos, métodos, algoritmos, *software*, resultados, etc. Compartir estos puede ser una forma de conseguir que otros te citen, y además que lo hagan repetidamente. Los repositorios especializados que alojan bases de datos, algoritmos y métodos son cada vez más populares (p. ej., Data in brief, MethodsX, SoftwareX). La mayoría de estos suelen generar un DOI *(digital object identifier)* distinto al del artículo que lo hará mucho más fácil de referenciar en el futuro. Además, algunos de estos repositorios pueden llegar a publicar los materiales depositados como si de un artículo se tratara. Por tanto, en ocasiones es conveniente pensar cuál es la mejor forma de hacer accesible (o no) el material que has generado junto a tu artículo.

Cuando hayas acabado con todo esto y si no lo has hecho ya, será el momento de empezar con el siguiente artículo.

Epílogo

Permíteme contarte una última historia antes de despedirme. Contiene varias reflexiones que podrían ser útiles para todos los investigadores. La he tomado prestada de *The vinyl café stories*, de Stuart Mclean [76]. Stuart Mclean fue un cuentacuentos prodigioso, uno de los mejores que ha tenido Canadá. Fue reportero, locutor, monologuista, humorista, escritor y profesor de periodismo. Murió de cáncer en febrero de 2017 a la edad de sesenta y ocho años [77].

Entre su legado más importante estuvo el haber sido el anfitrión y guionista del programa *The vinyl café* de la CBC Radio *(Canadian Broadcasting Corporation)* entre 1994 a 2015, programa que siguió emitiéndose hasta 2017. *The vinyl café* era un programa con formato de café-teatro. Se retransmitía algunas veces en estudios de la CBC y otras muchas en distintos teatros o auditorios de Canadá y Estados Unidos. Durante los más de veinte años de emisión, Stuart viajó a cientos de pequeños pueblos y grandes ciudades congregando multitudes. Sus *shows* evocaban la decencia y dignidad de gente común a través de historias. Estas historias destacaban la habilidad de sus personajes para perseverar con gracia y humor en situaciones vergonzosas o desafiantes. El formato del programa era variado y fue cambiando a lo largo de los años. No obstante, el fragmento más esperado era la historia semanal que generalmente había escrito el propio Stuart.

The vinyl café recibía su nombre de una tienda de discos de segunda mano ficticia. Su propietario, Dave, estaba casado con Morley y tenían dos hijos: Stephanie y Sam. Las historias de *The vinyl café* contaban las peripecias de estos individuos, cada uno con su propia personalidad, así como las de sus mascotas, familiares, amigos y vecinos. En su conjunto, las historias celebraban con humor y siempre con moraleja, la importancia de lo ordinario.

El título de la historia original que incluyo a continuación se llama *Tree planting* (siembra de árboles). El personaje principal de esta historia es Stephanie, la hija mayor de Dave y Morley. Stephanie, pese a ser relativamente insegura, tiene gran determinación y capacidad de autosuperación. En esta historia, Stephanie decide pasar el verano plantando árboles en los bosques de Canadá.

Plantando árboles

Stephanie decidió aceptar un trabajo para plantar árboles en verano. Pensó que sería divertido. Además había escuchado que se podía ganar bastante dinero en poco tiempo. Así que a principios de mayo estaba subida en un viejo autobús dirección al norte de Thunder Bay.

Stephanie estaba llena de esperanza. Imaginaba que se dirigía hacia alguna especie de comuna *hippie* llena de amantes de la naturaleza. Cuando llegó se sorprendió al ver que el campamento no era más que una extensa superficie de bosque quemado. Había tocones calcinados hasta donde alcanzaba la vista y las instalaciones eran más bien precarias. Todo el mundo estaba ocupado encendiendo hogueras, plantando tiendas y excavando trincheras.

Hubo una reunión tras la cena. El capataz del grupo al que asignaron a Stephanie se llamaba Scott. Scott se subió a una mesa y se dirigió a todos ellos: «Hay tres millones de árboles para plantar en este bloque. La empresa os pagará ocho céntimos por cada árbol que plantéis. Esto significa que hay 240 000 dólares ahí fuera para quien los quiera. Hay cien plantadores en este campo base, así que cada uno podrá ganarse 2400 dólares antes de movernos al siguiente bloque». Scott hizo una pausa y continuó: «Eso para el grupo promedio. Ahora estáis en el norte, la tierra del trabajo duro. Espero que vosotros estéis por encima del promedio. Quiero que cada uno de vosotros plante más de 2500 árboles al día». Esto último lo dijo mirando al grupito de quince jóvenes entre los que se encontraba Stephanie. Ella estaba decidida a ser mejor que el promedio.

Un chico joven con pelo rubio rizado y vistiendo una chaqueta *goretex* azul brillante se acercó a Stephanie y se presentó. El chico se llamaba Perry. A los ojos de Stephanie parecía el único que había venido realmente preparado a aquel campamento. Todos los demás plantadores vestían ropa sucia, andrajosa y hecha jirones. Perry parecía totalmente ajeno al contexto y sonreía con cierto aire de superioridad mientras charlaban.

El autobús salió hacia la zona de plantación a las 7:15 de la mañana siguiente. Stephanie se sentó con un joven algo mayor que ella, alto y con una coleta. Sus pantalones descoloridos parecían sujetos con cinta americana. Tras observarlos más detenidamente se dio cuenta de que, efectivamente, solo estaban sujetos por cinta americana. En la parte superior el chico llevaba una camisa blanca. Parecía un auténtico perdedor. Stephanie vestía unos pantalones de camuflaje nuevos. Perry, el chico rubio de la noche anterior, vestía ahora zapatillas de deporte naranjas, unos pantalones de *trekking* de secado rápido y una camisa vaquera azul oscuro. Perry sí parecía un auténtico profesional.

Tras media hora de viaje, el autobús se detuvo en una parcela despejada. De lejos parecía un campo, pero de cerca se apreciaba que no era más que un erial. Los plantadores veteranos abandonaron el autobús y se dirigieron a trabajar. Scott, el capataz de la noche anterior, reunió al grupito de los más jóvenes y les dijo: «Este es el bloque. Cada uno iréis a vuestra parcela y os pondréis a plantar. Allí tenéis las bandejas con los esquejes. En esta parcela vamos a plantar pinos blancos». Después de esto se despidió de ellos.

Veinte minutos más tarde, Perry y Stephanie estaban al lado de la carretera recogiendo un montón de bandejas de plástico con esquejes de pinos blancos. Los esquejes tenían unos 30 cm de altura. Scott señaló hacia un terreno con árboles caídos, arbustos secos y varios salientes rocosos. Le dijo a Stephanie que esa era su parcela: «Ánimo. Puedes hacerlo». Scott le sonrió brevemente. Entonces se giró y empezó a hablar con el siguiente plantador de la fila.

En menos de diez minutos, Stephanie ya se había rasgado sus pantalones de camuflaje nuevos. Se lo hizo pasando por encima de un pino caído. Juró en voz alta, se sentó, dijo otra palabrota y se puso a llorar. Se quedó allí sentada preguntándose qué debía hacer.

Hasta las 11:00 no acabó de delimitar su parcela. Para entonces se había rasgado de nuevo los pantalones, se había comido el almuerzo y estaba, ahora sí, lista para plantar su primer árbol. Clavó su pala en lo que parecía tierra mullida, pero chocó con la costra rocosa canadiense a poca profundidad. La vibración rebotó por todo su cuerpo y sintió un calambre en los brazos. A la hora de la comida, Perry, el chico rubio con la chaqueta *gore-tex*, pasó por su parcela y se sentó junto a ella. «Ya me he comido el almuerzo», le dijo Stephanie con voz taciturna. «Me he rasgado la chaqueta nueva», respondió Perry.

A las 17:00 estaban cogiendo el autobús de vuelta al campamento base. Stephanie cayó en el asiento exhausta, sudada y muy hambrienta. Tenía los pantalones rasgados por ambos camales. Le dolían las manos, las cuales se le habían llenado de cortes. «Solo he plantado 500», suspiró Stephanie. «Scott debía estar bromeando, ¿verdad? Es imposible plantar más de 2000 árboles al día». Perry estaba sentándose junto a ella. «Yo he plantado 650», dijo Perry. «Podría haber plantado más, pero me lastimé la muñeca». Stephanie no se sintió bien al escuchar que Perry había plantado más árboles que ella. Pensó, de hecho, que ella debería haber sido capaz de plantar muchos más árboles. Seguramente no 2500, pero al menos tantos como los demás novatos.

El chico con la coleta y la camiseta blanca se sentó detrás de ellos. Tenía la mano izquierda completamente recubierta con cinta americana. Parecía como si llevara un guante. «¿Cuántos plantaste?», le preguntó Perry. «2400», respondió mientras se quitaba la cinta americana de la mano. Stephanie casi no podía creerlo, pero estaba demasiado cansada como para darle más vueltas. Cuando llegó al campamento seguía demasiado cansada como para ducharse. Comió algo y se metió en el saco de dormir. Durmió diez horas seguidas.

Se levantó a las 6:00 del día siguiente. Ese día plantó 620 árboles, 120 más que el día anterior. Perry plantó 500, 150 menos que el día anterior. «Podría haber plantado más», dijo Perry, «pero me metí en el autobús y me eché una siesta de dos horas». El chico de la coleta plantó 2500.

El resto de la primera semana se volvió difusa y monótona. Se levantaban a las 6:00, se subían al autobús y conducían hasta el bloque de la plantación. Día sí y día no el autobús se estropeaba. Cuando esto sucedía, todos debían bajarse y empujarlo. Un día hasta tuvieron que reparar un puente de troncos antes de atravesarlo. Stephanie empezó a odiar el autobús. Odiaba el autobús y el olor a sudor, comida abandonada y protector solar al que rezumaba. Daba la sensación de que la mayoría de los plantadores no se habían cambiado la ropa desde que habían llegado, ni siquiera para dormir.

Al comienzo de la segunda semana, los pantalones de camuflaje de Stephanie ya tenían múltiples parches de cinta americana. Había ido incrementando la cantidad de árboles plantados, pero se había estancado alrededor de los 1000 diarios. «Conseguí 1100 hoy», dijo Stephanie a Perry. «Yo 450», dijo este. «Podría haber hecho más, pero me quedé levantado hasta tarde jugando a las cartas. Hoy estaba cansado y tuve que echarme otra siesta después de comer». Stephanie no sabía si lo decía en serio o si estaba tomándole el pelo.

Otro día Stephanie volvió a la carretera para coger más bandejas de pinos y vio que estaban todas tiradas por el suelo. «Los esquejes han sido pulverizados con pesticida», explicó Scott, el capataz. «Por eso huelen tan raro. Ese olor atrae a los osos y alguno debe haberse acercado». Desde ese día la meteorología empezó a empeorar. Una tarde el cielo se cubrió de repente de nubes grises. La tarde se oscureció tanto que parecía que se había hecho de noche. El viento también comenzó a soplar y poco a poco fue aumentando en intensidad. Empezó a arrastrar polvo, ramitas y algunas piedrecitas por el suelo. Las ráfagas también empezaron a arrastrar las bandejas que contenían esquejes. Se divisaron algunos relámpagos en el horizonte, pero Stephanie estaba determinada a mejorar sus estadísticas y no paró de plantar.

Entonces empezó a llover. Llovió durante una semana sin parar. Después llegaron los mosquitos. Enjambres de ellos. Los mosquitos se metían en las orejas, la nariz, el pelo y en los ojos. Se metían hasta en la comida. No había forma de librarse de ellos. Respirabas mosquitos, comías mosquitos y como se metían en las orejas, lo único que escuchabas todo el día eran mosquitos. Algunos chicos se rodearon la cabeza con bandanas para dejar de escucharlos. Otros se embadurnaban con aceite para no atraerlos. El único que no se quejaba era el chico de la coleta. «Mi nombre es Rob», le dijo un día a Stephanie en el autobús. «¿Cómo es que no te molestan los mosquitos?», le preguntó ella. «Sí me molestan, pero no me quejo». Los brazos de Stephanie estaban llenos de magulladuras y erupciones de tanto rozarse con los árboles. Además, los pesticidas le habían secado las manos hasta el extremo de que cuando las abría y cerraba se le abrían fisuras y sangraban. Pero a estas alturas ya no prestaba apenas atención a su estado físico. Lo que más le molestaba era la reducida cantidad de árboles que seguía plantando diariamente. No podía resignarse a no aprender a hacer más rápido algo tan sencillo como plantar árboles.

Stephanie decidió entonces que estaba perdiendo demasiado tiempo volviendo a la carretera a coger más bandejas. A partir de ese momento empezó a cargar el doble de bandejas para ahorrarse la mitad de viajes. Llevaba tantas bandejas que una de las primeras veces se quedó atascada entre un grupo de árboles. Se dio cuenta de que sería incapaz de salir sin tirarlas todas al suelo. No podía moverse ni hacia delante, ni hacia atrás. Empezó a gritar pidiendo ayuda, pero entonces pensó: «¿Y si un oso me escucha o huele el pesticida y viene a por mí?».

Por suerte, a la media hora, Rob, el chico de la coleta, pasó cerca. Al escuchar algo moviéndose entre los arbustos, se acercó con cuidado por si era un oso y se percató de que era Stephanie atrapada entre ramas y bandejas. Rob se sentó en el suelo y no paró de reír. Después ayudó a Stephanie a salir sosteniéndole sus bandejas. Cuando por fin se liberó, Stephanie se marchó enfurecida sin dirigirle ni una palabra.

A Perry, las cosas le iban peor. Este decía que no conseguía dormir por las noches, pero en cuanto bajaba del autobús por la mañana parecía sufrir narcolepsia. Le bastaba con oler el aroma de los pinos para bostezar y sentirse tan soñoliento como un niño pequeño. Esto no habría sido problema de no ser porque los plantadores debían pagar por su estancia en el campamento. Una noche después de la cena Perry hizo los cálculos y exclamó: «¡Dios mío! ¡Le debo dinero a la empresa!».

Al día siguiente, Perry se tomó unas pastillas de cafeína que le había ofrecido otro plantador. Cuando todo el mundo regresó al campamento al día siguiente, Perry aún estaba totalmente despierto, nervioso y muy agitado. Esa noche hizo las maletas y abandonó el campamento sin decírselo a nadie. Cuando todo el mundo se levantó, no había rastro de él. Al día siguiente, Scott comprobó su parcela de plantación. Scott contó que en su último día Perry había plantado 200 árboles, todos ellos boca abajo. Las raíces de todos esos árboles se habían secado al sol y seguramente no se podrían replantar.

Al poco tiempo tuvieron un día libre en la ciudad de Thunder Bay. Todo el mundo pasó el día en el motel duchándose, descansando, comiendo en restaurantes de comida rápida y tomando el sol en los parques. Todos menos Stephanie. Había decidido que si el problema no estaba en su forma de trabajar ni en su concentración, entonces debía estar en sus herramientas. Se dio una vuelta por la ciudad buscando un taller que pudiera modificar su pala para recortarla y hacerla más ligera. También quería afilarla.

Cuando volvió al motel, todo el mundo salía a tomarse algunas copas. Ella decidió quedarse en la habitación e irse a dormir pronto. Sin embargo, la suavidad del colchón y la limpieza de las sábanas se le hacían extrañas. A las doce menos cuarto aún estaba despierta y seguía dando vueltas en la cama. Se levantó y estuvo mirando un rato por la ventana las calles casi vacías de Thunder Bay. Vio cómo algunas personas salían de sus domicilios para lo que seguramente era irse a trabajar. Vestían uniformes de trabajo de diferentes colores. «El norte es la tierra del trabajo duro», había dicho Scott. Parecía que era cierto. A Stephanie le entró sueño y finalmente volvió a la cama donde esta vez sí se durmió con rapidez.

De vuelta en la plantación, Stephanie aún no conseguía cruzar la barrera de los 2000 árboles diarios, ni siquiera con su pala modificada. Una tarde que se sentía totalmente frustrada, arrinconó a Rob en el autobús y le dijo: «Sé que me estás ocultando algo. Debe haber un secreto. Dímelo, por favor». Rob dijo: «No hay ningún secreto». «¡Por supuesto que hay un secreto!», replicó Stephanie casi con desesperación. «*OK*, escucha. Sí hay un secreto. El secreto para plantar más árboles es... plantar más árboles». Stephanie pensó que le estaba tomando el pelo. No sabía que Rob no solía bromear.

Al día siguiente Rob le dijo a Stephanie que le acompañara a su parcela. «Presta atención», le dijo. Ella se sentó en un promontorio rocoso y lo observó detenidamente. Rob sacó un árbol de la bandeja con la mano izquierda mientras cavaba un agujero con su mano derecha. Metió las raíces del árbol en el suelo con su mano izquierda mientras rellenaba el agujero con la tierra que había sacado con la pala. Mientras se desplazaba al siguiente espacio pisaba el pequeño promontorio de tierra que había rellenado. Antes de acabar con un árbol ya estaba repitiendo el mismo ciclo con el siguiente. Rob no se movía rápido, pero tampoco se detenía. Su ciclo era casi hipnótico. Se mantenía semierguido mientras rellenaba un hoyo y cavaba el siguiente. Stephanie creyó que ella había estado trabajando duro todo este tiempo. Viendo a Rob ya no lo tenía tan claro. Rob no escuchaba música, no descansaba ni hablaba con otros plantadores cuando iba a por bandejas. Tampoco descansaba toda la hora del almuerzo.

Al día siguiente, Rob se sacó un trozo de papel del bolsillo y se lo enseñó a Stephanie en el autobús. «He escrito esto para una web de plantación de árboles. Lo publiqué anoche en internet». Stephanie desplegó el papel. «Léelo», le pidió Rob. El papel decía lo siguiente: «Cuando sea el momento de plantar, planta. Cuando sea el momento de comer, come. Sea lo que sea que estés haciendo, hazlo. Si está lloviendo, puedes pasarte todo el día preocupado por la lluvia, o puedes plantar árboles y ganar dinero. La lluvia pasará. Después vendrá la cena y el momento de irse a dormir. Y como la lluvia, la noche también se acabará, así que más vale que te calles y duermas». Stephanie se quedó pensando y entonces dijo: «No creo que pueda hacer esto». Rob la miró y le dijo: «Ese es tu problema. Piensas demasiado».

Hay momentos en la vida que cambian radicalmente tu forma de pensar. Te vas al bosque a plantar árboles durante seis semanas y cuando vuelves, tu forma de ver la vida ya no es la misma. Stephanie alcanzó los 1900 árboles al día siguiente. El siguiente llegó a los 2000. Alcanzar la mágica cantidad de los 2500 aún le costaría dos semanas. Antes de conseguirlo regresaron los mosquitos. Esta vez le picaron en prácticamente todas las partes del cuerpo. Tenía tantas picaduras, heridas y su cara estaba tan hinchada que los otros plantadores empezaron a llamarle «cara bollo». Una mañana cuando se levantó, su ojo derecho estaba tan hinchado que no podía mantenerlo abierto. Podría haberse quedado en el campamento aquel día, pero utilizó cinta americana para mantenerlo entreabierto. No se lo pensó y salió a plantar. Ese día llegó a los 2600 árboles, su récord personal. Se sentó en el autobús al final de la jornada. Estaba sudada, cansada, dolorida y con sus pantalones más cubiertos por cinta americana que por el tejido original. Su pelo estaba encrespado y sus manos cortadas, hinchadas y cubiertas con cinta americana. «2600», se dijo a sí misma y sonrió. «Guau. Ha sido increíble».

✳✳✳

La lección que aprendió Stephanie podría no ser evidente para todos. Detrás de las personas que se sienten orgullosas de sí mismas solo hay tenacidad y convicción. Estos no son rasgos innatos de la personalidad. Son decisiones que renovamos diariamente y que acaban cambiando nuestra forma de afrontar las dificultades. Aprender a escribir y publicar artículos no es algo tan difícil como muchos lo presentan. Hay muchos detalles a los que prestar atención, por supuesto, pero es solo cuestión de perseverar. Además, también hay que administrarse bien el tiempo. No obstante, lo que cuenta al final son las ganas de trabajar y aprovechar al máximo el tiempo del que dispongamos, sea mucho o poco. El talento innato y la suerte también ayudan. Pero al final la perseverancia marca la diferencia. Si no estás de acuerdo, recuerda el caso de Anthony Trollope que fue de los escritores más prolíficos de su época escribiendo tan solo dos horas y media al día antes de irse a trabajar.

Además, la vida y la investigación están llenas de todo tipo de personas. Entre ellas hay muchas como Perry. Estas dan la sensación de estar sobradamente preparadas para afrontar cualquier reto. Los Perry que te encuentres te hablarán con gran seguridad de cualquier cosa. Pero esto es solo una fachada. A la hora de la verdad (la de trabajar duro), les fallará la actitud, la competencia o las dos. Estas personas nunca consiguen llegar a ningún sitio. Cuando las presiones para que compartan contigo los detalles de algún conocimiento que realmente necesites, te darán excusas. Nunca esperes nada de ellos.

También los hay como Rob. Rob no tiene ninguna pretensión más que hacer su trabajo lo mejor posible y con los medios disponibles. No se preocupa por las limitaciones, ni por el contexto, simplemente se limita a aprovechar el tiempo. Es muy bueno en lo que hace, aunque casi nadie a su alrededor lo sepa. Este tipo de personas son las más difíciles de encontrar, precisamente porque no parecen destacar. Si los encuentras, son los mejores compañeros de viaje para llegar hasta donde desees. Te harán más grande y tú aprenderás de ellos simplemente por su forma de actuar.

Por último, está Stephanie. Ella es como muchos de nosotros. Stephanie tiene la intención de ser mejor. Quiere superarse y le cuesta darse cuenta de que lo único que la detiene son las limitaciones autoimpuestas. Con frecuencia es fácil echar la culpa a que el contexto no es favorable para hacer investigación. Sentarse y concentrarse día tras día en el trabajo no es tarea fácil. Pero solo aprovechando al máximo cada hora de trabajo llegaremos eventualmente a conseguir algo. Como decía Stephen King, si esperas a sentarte solo cuando te llegue la inspiración, puedes quedarte esperando para siempre. La inspiración no llegará cuando tú lo desees, sino cuando estés trabajando duramente un día tras otro. Si perseveras, la inspiración al final llegará y te encontrará trabajando. Por tanto, cuando sea el momento de escribir, escribe.

***

Tras nueve semanas de escritura finalmente he conseguido terminar el libro. Hacía bastante tiempo que no me embarcaba en escribir algo más largo que un artículo y ha sido todo un reto. Por el camino he seguido dando clases, revisando artículos y atendiendo a otras mil cosas. En estas nueve semanas también me han aceptado tres artículos más. Esto, como dije, siempre es motivo de celebración, pero no motivo suficiente para dejar de escribir. Siempre hay algo más que investigar. *Barges in the canal.*

Las últimas tres semanas, además, he estado recluido en casa con mi familia por la pandemia global ocasionada por la COVID-19. Desde entonces he seguido escribiendo e intentando equilibrar (probablemente sin éxito) el tiempo dedicado a la familia y al trabajo. En algunos momentos se me ha hecho realmente cuesta arriba, pero estoy contento de haber sido fiel al objetivo que me propuse: escribir un capítulo por semana.

En lo que se refiere al libro, las semanas de trabajo han sido casi idénticas. A medida que acababa cada capítulo y a pesar de haberlo leído muchas veces durante su escritura, lo volvía a releer completamente al día siguiente. Entonces dejaba ese capítulo apartado una semana y cuando lo volvía a leer por tercera vez, me asombraba de cuántas cosas pedían a gritos otra revisión. Solo entonces me atrevía a compartirlo con mis lectores cero. Tras recibir sus comentarios volvía a leer el capítulo por cuarta vez y seguía encontrando detalles que arreglar. Ahora volveré a leerme el libro completo por quinta vez. Después de esa revisión completa también lo escucharé en voz alta. Pero haré ambas cosas dentro de un mes como mínimo. Solo así conseguiré desvincularme emocionalmente de lo que he escrito y podré meterle tijera sin piedad. [Nota: realicé la edición final un mes después y efectivamente pulí muchas aristas del libro, especialmente tras escucharlo en voz alta.]

Mirando hacia atrás también estoy orgulloso de que el libro haya sido «relativamente» breve. Creo que no me he dejado nada importante y no evidente por comentar. Como dije al principio, no quería escribir sobre lo obvio, ni ser demasiado prescriptivo. Estoy seguro de haber conseguido lo primero, aunque no lo estoy tanto de lo segundo. De cualquier forma, poco importa lo que yo piense a estas alturas. Ahora les toca a otros opinar. Mi parte del trabajo está prácticamente concluida. Solo espero que el libro sirva de ayuda a muchos académicos.

Antes de terminar y acerca de la necesidad de ser breve, me viene a la memoria el *Zen de Python*. Para los que no lo sepan, Python es un lenguaje de programación que ha alcanzado gran popularidad por su filosofía de escribir código claro y fácil de leer. Las primeras líneas del *Zen de Python* dicen así:

«Bello es mejor que feo.
Explícito es mejor que implícito.
Simple es mejor que complejo.
Complejo es mejor que complicado. […]
La legibilidad cuenta.
Los casos especiales no son lo suficientemente especiales para romper las reglas».

Efectivamente, no existen excepciones. Uno no puede aprender a escribir frases largas sin haber aprendido a escribir frases cortas. Uno no puede aprender a transmitir ideas complejas sin saber transmitir ideas sencillas. De la misma forma que uno no puede aprender a escribir artículos sin haber aprendido a escribir antes. Escribir un artículo es mucho más que conocer los contenidos de sus secciones. El cimiento está en el dominio de la escritura académica. Por eso este libro ha seguido este mismo orden.

No me prodigaré más en palabras. Gracias por acabar este libro. A partir de ahora, solo puede ser más fácil. Espero que triunfes como investigador y que algún día me lo puedas contar. Pero, sobre todo, espero que descubras algo que haga del mundo un lugar mejor. Solo tú puedes conseguirlo.

El Puerto de Santa María, Cádiz
Fin escritura 1.er borrador: 3 de abril de 2020
Fecha fin edición final: 12 de mayo de 2020

Referencias

[1] M. Obama, *Becoming*, 1st ed. Crown Publishing Group - Penguin Random House, 2018.

[2] S. King, *On Writing: A Memoir of the Craft*, 10th ed. Simon + Schuster Inc., 2010.

[3] N. John Hall, *Trollope: A Biography*, 1st ed. Oxford University Press, 1991.

[4] R. Vaughan, *Si quieres, puedes*, 1.ª ed. Vaughan, 2016.

[5] «TED ideas worth spreading». https://www.ted.com (accedido mar. 31, 2020).

[6] R. Vaughan, *Translation Booklet: Habla inglés con fluidez*. Vaughan Systems, 2013.

[7] M. Swan, *Basic English Usage*. Oxford University Press España, 1984.

[8] M. Swan, *Practical English Usage*, 4th ed. OUP Oxford, 2016.

[9] «Oxbridge proofreading». https://oxbridgeproofreading.co.uk (accedido abr. 16, 2020).

[10] «American Journal Experts». https://www.aje.com/es (accedido abr. 16, 2020).

[11] M. C. W. Hunter, *Establishing the New Science: The Experience of the Early Royal Society*. Boydell Press, 1995.

[12] E. S. Reich, *Plastic Fantastic: How the Biggest Fraud in Physics Shook the Scientific World*, 1st ed. Palgrave Macmillan, 2009.

[13] E. Delgado Sanz y J. Chicote, «Dos políticos, dos tesis "cum laude" plagiadas y solo una dimisión», *ABC España*, Madrid, 2019.

[14] Wikipedia, «Guttenberg plagiarism scandal». https://en.wikipedia.org/wiki/Guttenberg_plagiarism_scandal (accedido mar. 26, 2020).

[15] F. MacDonald, «8 Scientific Papers That Were Rejected Before Going on to Win a Nobel Prize», *Science alert*, 2016. https://bit.ly/2j9gINP (accedido mar. 26, 2020).

[16] J. Hicks, «Four Science Journals Got Duped Into Publishing a Fake Star Wars Study», *Vice*, 2017. http://bit.ly/2tUiaw5 (accedido mar. 26, 2020).

[17] J. Stribling, M. Krohn, y D. Aguayo, «SCIgen - An Automatic CS Paper Generator», *PDOS research group at MIT CSAIL*, 2005. https://pdos.csail.mit.edu/archive/scigen/ (accedido mar. 26, 2020).

[18] R. Van Noorden, «Publishers withdraw more than 120 gibberish papers», *Nature News*, 2014.

[19] R. Mosallahnezhad, «Removed: Cooperative, compact algorithms for randomized algorithms», *Applied Mathematics and Computation*, 2007. http://bit.ly/2HjoOz7 (accedido mar. 26, 2020).

[20] Real Academia Española, «Diccionario de la lengua española». https://dle.rae.es (accedido abr. 16, 2020).

[21] L. Schweber, «Putting theory to work: the use of theory in construction research», *Construction Management and Economics*, vol. 33, n.º 10, pp. 840-860, oct. 2015, doi: 10.1080/01446193.2015.1133918.

[22] J. E. Bono y G. McNamara, «Publishing in AMJ - Part 2: Research Design», *Academy of Management Journal*, vol. 54, n.º 4, pp. 657-660, 2011, doi: 10.5465/amj.2011.64869103.

[23] A. M. Derrington, «Tell them; then convince them», *Research Funding Toolkit*, 2015. http://www.researchfundingtoolkit.org/tell-them-then-convince-them/ (accedido mar. 26, 2020).

[24] Los datos bibliográficos de esta referencia han sido deliberadamente anonimizados u omitidos:, «Infraestructuras. No hay dinero para todo», *Las Provincias* Valencia.

[25] K. Follett, «Masterclass (Introduction)», 2020. https://ken-follett.com/masterclass/ (accedido may. 09, 2020).

[26] W. Strunk Jr, *The elements of style*, 4th ed. New York: Longman, 1999.

[27] E. Bazanova, «Scholarly Communication course», *Moscow Institute of Physics and Technology (Coursera)*, 2020. https://www.coursera.org/learn/scholarly-communication (accedido mar. 26, 2020).

[28] E. J. Huth, *How to Write and Publish Papers in the Medical Sciences*, 2nd ed. Williams & Wilkins, 1990.

[29] J. K. Rowling, *Harry Potter y la Piedra Filosofal*, 1.ª ed. Salamandra, 2020.

[30] B. Holst, *Scientific paper writing: a survival guide*. CreateSpace Independent Publishing Platform, 2015.

[31] S. Meyer, *Crepúsculo*, 23rd ed. Alfaguara, 2019.

[32] C. Clerici, «El metatexto o metadiscurso», *Escritura académica. Un espacio para reflexionar sobre la escritura...*, 2015. https://consultasescritura.wordpress.com/2015/06/13/el-metatexto-o-metadiscurso/ (accedido mar. 26, 2020).

[33] W. Spanish, «Voz Pasiva. Passive Voice in Spanish», *Notas*, 2020. https://www.spanish.cl/Grammar/Notes/Voz_Pasiva.htm (accedido mar. 26, 2020).

[34] Anónimo, «Punto y coma», *Wikilengua del español*. http://www.wikilengua.org/index.php/Punto_y_coma (accedido mar. 26, 2020).

[35] P. Ballesteros-Pérez, F. T. T. Phua, y D. Mora-Melià, «Human Resource Allocation to Multiple Projects Based on Members' Expertise, Group Heterogeneity, and Social Cohesion», *Journal of Construction Engineering and Management*, vol. 145, n.° 2, pp. 1-14, 2019, doi: 10.1061/(ASCE)CO.1943-7862.0001612.

[36] E. R. Tufte, *The visual display of quantitative information*, 2nd ed. Cheshire, Connecticut: Graphics Press, 2001.

[37] American Society of Civil Engineers (ASCE), *Publishing in ASCE Journals: A Guide for Authors*. 2019.

[38] P. Ballesteros-Pérez, «M-PERT: Manual Project-Duration Estimation Technique for Teaching Scheduling Basics», *Journal of Construction Engineering and Management*, vol. 143, n.° 9, 2017, doi: 10.1061/(ASCE)CO.1943-7862.0001358.

[39] E. R. Tufte, «Pie charts», *Edward Tufte's forum*. https://www.edwardtufte.com/bboard/q-and-a-fetch-msg?msg_id=00018S (accedido mar. 26, 2020).

[40] W. C. Booth, G. G. Colomb, J. M. Williams, J. Bizup, y W. T. FitzGerald, *The Craft of Research (Chicago Guides to Writing, Editing, and Publishing)*, 4th ed. University of Chicago Press, 2016.

[41] T. Vigen, «Spurious correlations». https://www.tylervigen.com/spurious-correlations (acce-dido mar. 26, 2020).

[42] M. Skitmore y G. Runeson, «Criteria for evaluating research outcomes», en *Australian Universities Building Educators Association Annual Conference*, 1996.

[43] University of Chicago Press, *The Chicago Manual of Style*, 17th ed. University of Chicago Press, 2017.

[44] American Psychological Association, *Publication Manual of the American Psychological Association, Sixth Edition*, 7th ed. American Psychological Association, 2010.

[45] J. Schimel, *Writing science: How to write papers that get cited and proposals that get funded*, 1st ed. New York: Oxford University Press, 2012.

[46] G. A. Slafer, «¿Cómo escribir un artículo científico?», *Revista de Investigación en Educación*, vol. 6, pp. 124-132, 2009, [En línea]. Disponible en: http://reined.webs.uvigo.es/index.php/reined/article/view/59.

[47] P. W. Chan, «Revisiting basics: theoretically-grounded interesting research that addresses challenges that matter», *Construction Management and Economics*, vol. 38, n.º 1, pp. 1-10, 2020, doi: 10.1080/01446193.2019.1702251.

[48] B. Gustavii, *How to write and illustrate a scientific paper*, 3rd ed. Cambridge Unniversity Press, 2017.

[49] M. Carpenter y L. Fritz-Laylin, «Scientists' Silly, Dark, and Sometimes Inappropriate Humor: What's in a (scientific publication) name?», *SLATE*, 2015. https://slate.com/technology/2015/12/the-best-funny-clever-or-offensive-science-paper-titles.html (accedido mar. 26, 2020).

[50] P. Ballesteros-Pérez, M. Skitmore, E. Sanz-Ablanedo, y P.Verhoeven, «Forecasting the Number and Distribution of New Bidders for an Upcoming Construction Auction», *Journal of Construction Engineering and Management*, vol. 145, n.º 10, pp. 1-10, 2019, doi: 10.1061/(ASCE)CO.1943-7862.0001694.

[51] Elsevier, «Graphical abstracts», *Journal authors*. https://www.elsevier.com/authors/journal-authors/graphical-abstract (accedido abr. 17, 2020).

[52] J. Aldridge y A. Derrington, *The Research Funding Toolkit: How to Plan and Write Successful Grant Applications*, 1st ed. 2012.

[53] A. M. Grant y T. G. Pollock, «Publishing in AMJ-Part 3: Setting the hook», *Academy of Management Journal*, vol. 54, n.º 5. Academy of Management Briarcliff Manor, NY , pp. 873-879, oct. 01, 2011, doi: 10.5465/amj.2011.4000.

[54] R. T. Sparrowe y K. J. Mayer, «Publishing in AMJ-part 4: Grounding hypotheses», *Academy of Management Journal*, vol. 54, n.º 6. Academy of Management Briarcliff Manor, NY , pp. 1098-1102, dic. 01, 2011, doi: 10.5465/amj.2011.4001.

[55] Y. Zhang y J. D. Shaw, «Publishing in AMJ-part 5: Crafting the methods and results», *Academy of Management Journal*, vol. 55, n.º 1. American Society of Nephrology, pp. 8-12, feb. 01, 2012, doi: 10.5465/amj.2012.4001.

[56] W. Hughes, «Conceptualizing a research project», *Will Hughes's blog*, 2015. http://will-hughes.blogspot.com/ 2015/07/conceptualizing-research-project.html (accedido abr. 05, 2020).

[57] M. Geletkanycz y B. J. Tepper, «Publishing in AMJ–Part 6: Discussing the Implications», Academy of Management Journal, vol. 55, n.° 2, pp. 256-260, 2012, doi: 10.5465/amj.2012.4002.

[58] B. Gastel y R. A. Day, *How to Write and Publish a Scientific Paper*, 8th ed. Cambridge University Press, 2017.

[59] T. Max, «How To Edit A Book», *Book editing (Scribe)*. https://scribewriting.com/edit-book/ (accedido may. 10, 2020).

[60] B. Atwood, «Self-Editing Basics: 10 Simple Ways to Edit Your Own Book», *The write life*, 2020. https://thewritelife.com/self-editing-basics/ (accedido may. 10, 2020).

[61] P. T. Bansal y K. Corley, «Publishing in AMJ –Part 7: What's different about qualitative research?», *Academy of Management Journal*, vol. 55, n.° 3. American Society of Nephrology Briarcliff Manor, NY, pp. 509-513, jun. 01, 2012, doi: 10.5465/amj.2012.4003.

[62] S. B. Merriam y E. J. Tisdell, *Qualitative Research: A Guide to Design and Implementation*, 4th ed. 2015.

[63] J. W. Creswell y C. N. Poth, *Qualitative Inquiry and Research Design: Choosing Among Five Approaches*, 4th ed. SAGE Publications, 2017.

[64] Baltasar Gracián, *Oráculo manual y arte de prudencia*. Grupo Anaya Publicaciones Generales, 1669.

[65] M. Alviggi, V. Canale, S. Patricelli, L. Merola, A. Aloisio, y G. Chiefari, «The ATLAS experiment at the CERN Large Hadron Collider», *Journal of Instrumentation*, vol. 3, n.° S, pp. 8003-8008, 2008.

[66] J. Bohannon, «Who's afraid of peer review?», *Science*, vol. 342, n.° October, pp. 60-65, 2013.

[67] S. Brezgov, «List of publishers», *Beall's List: Potential, possible, or probable predatory scholarly open-access publishers*, 2019. https://scholarlyoa.com/publishers/ (accedido mar. 26, 2020).

[68] Wikipedia, «Arrow's impossibility theorem». https://en.wikipedia.org/wiki/Arrow%27s_impossibility_theorem (accedido mar. 26, 2020).

[69] Jason A. Colquitt y G. George, «Publishing in AMJ - Topic Choice», *Academy of Management Journal*, vol. 54, n.° 3, pp. 432-435, 2011.

[70] I. Mewburn, «The zombie thesis», *The thesis whisperer*, 2014. https://thesiswhisperer.com/2014/07/09/the-zombie-thesis/ (accedido mar. 26, 2020).

[71] A. M. Derrington, «Writing a research grant application: the quick way and the easy way», *Parker Derrington Ltd.*, 2018. https://parkerderrington.com/tag/zombie-grant/ (accedido mar. 26, 2020).

[72] ORI, «Avoiding Plagiarism, Self-plagiarism, and Other Questionable Writing Practices: A Guide to Ethical Writing», *The Office of research Integrity*, 2015. https://ori.hhs.gov/avoiding-plagiarism-self-plagiarism-and-other-questionable-writing-practices-guide-ethical-writing (accedido mar. 26, 2020).

[73] COPE, «A case of salami slicing», *Committee on Publication Ethics*, 2013. https://publicationethics.org/case/case-salami-slicing (accedido mar. 26, 2020).

[74] VV.AA., «Shit my reviewers say». https://shitmyreviewerssay.tumblr.com (accedido mar. 31, 2020).

[75] «Sherpa-Romeo», *Políticas de copyright de las editoriales y autoarchivo*. http://sherpa.ac.uk/romeo/index.php?la=es (accedido mar. 31, 2020).

[76] Wikipedia, «The vinyl cafe». https://www.vinylcafe.com (accedido abr. 03, 2020).

[77] Wikipedia, «Stuart McLean». https://en.wikipedia.org/wiki/Stuart_McLean (accedido abr. 02, 2020).

Acerca del autor

Pablo Ballesteros Pérez es Ingeniero técnico de obras públicas (2002), Ingeniero geólogo (2005), Máster en dirección de proyectos (2010) y Doctor en proyectos de ingeniería e innovación (2010) por la Universitat Politècnica de València.

Desde 2021 es Profesor Titular en la Escuela Técnica Superior de Ingeniería Industrial (ETSII) de la Universitat Politècnica de València (España). Antes de trabajar en esta universidad, Pablo fue investigador Ramón y Cajal (2019-2021) en la Universidad de Cádiz (España); *Senior lecturer* (2018-2019) en *Loughborough University* (Reino Unido); *Lecturer* (2016-2018) en la *University of Reading* (Reino Unido); Profesor asistente (2013-2015) en la Universidad de Talca (Chile), y Profesor asociado a tiempo parcial (2007-2012) en la Universitat Politècnica de València (España).

Previo a su incorporación a tiempo completo en la Academia, Pablo fue jefe de contratación (2007-2012) en una empresa internacional dedicada al diseño, construcción y explotación de estaciones depuradoras de aguas residuales. De 2007 a 2012 había trabajado como ingeniero de proyectos para otras dos empresas consultoras.

Pablo ha publicado más de cincuenta artículos en revistas indexadas, otras tantas comunicaciones en conferencias internacionales, dos capítulos de libro y un libro sobre modelos de predicción de ofertas en licitación pública. En la actualidad es profesor invitado del Instituto Tecnológico de Santo Domingo (República Dominicana). En esta institución imparte cursos dos veces al año sobre técnicas cuantitativas en dirección de proyectos.

El área de investigación de Pablo se centra en la Dirección y Gestión de proyectos en sentido amplio. Sus líneas de investigación abarcan desde la investigación operativa y estadística aplicada en licitación pública hasta la influencia de la meteorología en proyectos de construcción.

También ha desarrollado otras líneas de investigación en optimización de cronogramas y formación de equipos de trabajo utilizando técnicas sociométricas. En la actualidad, Pablo es miembro de varias asociaciones internacionales y ha publicado artículos con más de sesenta investigadores, muchos de ellos extranjeros.

Pablo forma parte de los comités científicos de algunas prestigiosas conferencias del ámbito de proyectos de ingeniería y construcción —p. ej., Congreso internacional de ingeniería de proyectos (AEIPRO), la *International Structural Engineering and Construction conference (ISEC),* y la conferencia anual de la *Association of Researchers in Construction Management (ARCOM)*—. Desde julio de 2018 es editor de la revista *Construction Management and Economics* (Taylor and Francis), revista del primer cuartil en SJR. También ha recibido en dos ocasiones el reconocimiento de revisor destacado *(outstanding reviewer)* por Elsevier y Emerald.

En lo referente a proyectos de investigación, Pablo ha conseguido hasta la fecha una financiación de más de 750 000 euros en seis proyectos de investigación (IP en tres de ellos, y Co-IP en los otros tres). Previamente, durante sus años como jefe de contratación, participó en otros doce proyectos de organismos españoles y europeos. En 2017, Pablo consiguió un contrato Ramón y Cajal en la categoría de Ingeniería y Arquitectura. Este contrato supuso más de 300 000 euros de financiación durante cinco años y le permitió regresar a España como investigador a tiempo completo. En 2016 su proyecto *Weather-wise* fue el ganador del prestigioso premio *Bowen Jenkins Legacy fund* del *Chartered Institute of Building* (Reino Unido). En 2014 Pablo recibió la beca iberoamericana para jóvenes profesores e investigadores del Banco Santander universidades.

Pablo imparte con frecuencia **cursos de escritura académica y publicación de artículos científicos**. Si deseas organizar uno en tu departamento o institución, puedes contactarle a su *email* personal en pablo.ballesteros.perez@gmail.com.

* 9 7 8 8 4 1 8 7 3 0 0 8 5 *